RECEBER COM CHARME 2

Claudia Pixu, Marcia Evangelista e Patricia Oyama

casa e comida

RECEBER COM CHARME 2

Ideias de decoração e receitas para surpreender os convidados

GLOBO estilo

BEM-VINDO!

Que bom ter você aqui! A gente se esmerou para deixar todas as páginas do livro bem ao agrado dos nossos convidados-leitores. Tem flor por todo canto: em latas de chá, em arranjos vistosos e em recipientes bem pequenininhos (uma rosa numa rolha, olhe que mimo!).

O cardápio é eclético, para não deixar ninguém passando vontade. Feijoada e outras preparações generosas para o almoço de família, petiscos irresistíveis para acompanhar uma cervejinha, quitutes para um café da manhã ou chá da tarde caprichadíssimo. E sobremesas, claro – quem resiste a um sorvetão com calda de chocolate?

As dicas de decoração e receitas que você vai ver aqui foram pinçadas entre dezenas de edições da revista *Casa e Comida* (revistacasaecomida.com.br). São ideias para reproduzir em casa, muitas delas com itens que estão por lá, dando sopa: potes de conserva viram luminárias, cortadores de biscoito substituem anéis de guardanapo... E você não imagina o que uma fita de cetim pode fazer por você! Ou melhor: você não imagina o que vai ser capaz de fazer depois de ler as próximas páginas. Mesa linda, arranjo de flores, cardápio nota 10: seus convidados vão querer voltar sempre à sua casa. E esperamos que você volte muitas e muitas vezes para buscar inspiração neste livro.

Patricia Oyama
Diretora de redação da revista *Casa e Comida*

SUMÁRIO

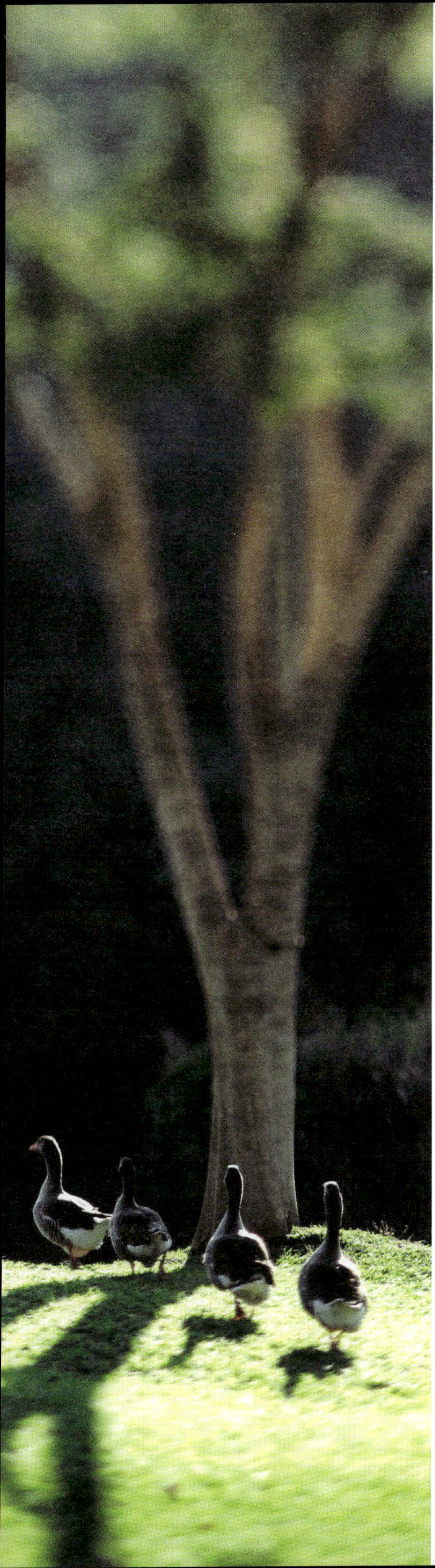

AO AR LIVRE

NO CAMPO OU NO JARDIM, ENCONTROS RODEADOS DE NATUREZA E MUITO CONFORTO

É automático: quando o cenário é ao ar livre, a festa já ganha vários pontos no quesito descontração. Tem verde para descansar os olhos, espaço para esticar as pernas, comida sem complicação: encontros a céu aberto têm o efeito de microférias para quebrar a rotina.

Deve ser por isso que volta e meia a gente encara uma semana de tensão acompanhando a previsão do tempo (ter um plano B em caso de chuva é essencial), reza para Santa Clara e arma a farra lá fora.

Mas toda essa informalidade não quer dizer falta de conforto. Com tapete sobre a grama e almofadas, o piquenique conquista até quem é meio avesso a esse tipo de programa. A mesa sob as árvores merece tanto capricho quanto a da sala de jantar e, por mais que a paisagem seja exuberante, um arranjo de flores sempre cai bem.

O melhor: você não precisa de uma imensa área verde para desfrutar essas delícias: com detalhes espertos na decoração, o quintal e o jardim de casa se tornam oásis para receber amigos na cidade.

PIQUENIQUE DEMOCRÁTICO

QUEM QUISER SE ESPICHA NA GRAMA, QUEM PREFERIR SE SENTA À MESA:
O IMPORTANTE É TODO MUNDO CURTIR O DIA!

1

2

3

4

Preso às árvores, o corte de linho suaviza a luz e cria uma atmosfera relax. Um tapete grosso evita aquela sensação de grama pinicando

{1} A mesa se integra ao verde e garante o conforto. Para quem escolher o gramado, kit piquenique com bebida, comidinhas e almofada. É só pegar sua cesta! **{2}** Com itens de bambu, papel e acrílico, você monta uma mesa linda e evita cacos no chão. Os arranjos, de Lu Haddad, foram feitos em latas antigas **{3}** Gostoso e prático, o pão de ervas não leva horas para crescer: é feito com fermento de bolo **{4}** A torta de ricota pode ser feita na véspera e fica melhor ainda com uma calda de amêndoas e mel

HISTÓRIAS DE PESCADOR

NESSA PESCARIA CHIQUE, PODE ATÉ SER QUE NÃO DÊ PEIXE. MAS COM CERTEZA ELA VAI RENDER MUITOS *CAUSOS* PARA CONTAR

{1} Cestos para pão viram sousplats com cobertura anti-inseto. Com tapete e almofadas, a mesa improvisada sobre caixotes fica mais aconchegante **{2}** Para pescar elogios: prendedor de guardanapo bem-humorado, com barbante de sisal e isca artificial em formato de lula

{1} O samburá, acessório para guardar peixes, muda de função: aqui é um suporte para o arranjo de flores {2} Chapéus e óculos para se proteger do sol ficam à disposição dos convidados {3} O vinagrete de feijão-fradinho e uvas pode acompanhar peixes ou ser servido como uma bela salada {4} O cantinho do pescador, montado no deck, é puro sossego. Se o encontro se estender até mais tarde, o lampião já está à mão

JARDIM DAS DELÍCIAS

TER UM CANTINHO VERDE PARA CHAMAR DE SEU, EM MEIO AO CAOS URBANO, É UM PRIVILÉGIO. COMPARTILHE ESSA ALEGRIA!

{1} A pérgula, naturalmente enfeitada com sapatinhos-de-judeu, ganha mais cores com lanternas de papel **{2}** Fitas coloridas, penduradas num galho de árvore, deixam o jardim todo festivo

{1} No lugar dos tradicionais saleiro e pimenteiro, porta-ovos servem como recipientes para os temperos {2} Sott'olio de abobrinha com queijo de cabra no pão rústico: o antepasto pode ser guardado na geladeira por até 30 dias {3} Jeito original de dispor guardanapos estampados: pendurados num varal, como se fossem bandeirinhas {4} O arranjo da Fulô Flores ganhou uma rodela de limão com cravos para espantar mosquitos e outros bichinhos indesejáveis

UM DIA NO CAMPO

COMIDA FARTA, AR PURO, SOSSEGO: CELEBRE OS PRAZERES SIMPLES DA VIDA COM OS PÉS NA TERRA

{1} Frutas fresquinhas, recém-lavadas, no escorredor de metal: está pronto um centro de mesa muito apetitoso
{2} O gancho de rede segura o baldinho de zinco com hortênsias. Com a moldura, o arranjo se transforma num quadro vivo

Cheia de gelo, a floreira antiga vira um cooler sob medida para limonada e outros refrescos

{1} Tigelada de chuchu: reconfortante, esse acompanhamento também pode ser preparado com abobrinha {2} Vaca atolada: costela de boi, mandioca e satisfação garantida {3} Com a ajuda de uma caneta de tinta branca permanente, o cavalinho de plástico, pintado de preto, vira um marcador de lugar {4} Potinhos cremosos de café com leite: xícaras de ágata são perfeitas para servir essa sobremesa

RECEITA NA PÁG. 184

Caixotes de feira e louças antigas criam um lindo contraste entre o rústico e o delicado na mesa de café com bolinhos de chuva

ENCONTRO NO QUINTAL

NÃO É PRECISO TER CASA NO CAMPO PARA REUNIR AMIGOS AO AR LIVRE. MONTE A MESA LÁ FORA E CHAME A TURMA TODA

{1} Guarda-chuvas coloridos formam uma cobertura divertida – três fios paralelos seguram os acessórios. Nas cestas, louças e talheres para cada convidado
{2} Delícias refrescantes: uvas congeladas podem gelar o vinho branco ou ir direto do cacho para a boca

{1} Um raminho de ervas amarrado ao guardanapo perfuma a mesa, decora e ajuda a manter os insetos longe **{2}** Pacotinhos de folha de arroz com legumes ao molho de gengibre: entradinha ideal para o verão **{3}** Garrafas transparentes de formatos diversos, com flores em tons suaves, compõem um arranjo alegre e delicado **{4}** Tem uma luminária de ferro à mão? Com ervas num copinho, a peça entra na decoração diurna

AO REDOR DA FOGUEIRA

JOGAR CONVERSA FORA, BEBERICAR E COMER, PERTINHO DO FOGO,
É UM DOS PROGRAMAS MAIS DELICIOSOS QUE EXISTEM

Copos de vidro e luzinhas de Natal criam um caminho iluminado e colorido até a fogueira

{1} O tronco vira uma mesinha de apoio no cantinho reservado para quem não quer se sentar tão próximo das chamas **{2}** Na escada de madeira, mantas ficam ao alcance dos mais friorentos **{3}** Comidinhas para assar na brasa são essenciais. Uma boa pedida são batatas recheadas com um naco de queijo, enroladas no papel-alumínio **{4}** Sopas em garrafas térmicas aquecem o estômago e esquentam a conversa

EM FAMÍLIA

ACONCHEGO NO CARDÁPIO E NA DECORAÇÃO PARA AGRADAR SEM CERIMÔNIA

Pai, mãe e filhos. Faz tempo que essa estrutura não é mais regra para definir a família. Há aquelas com mãe ou pai solteiros. Com dois pais ou duas mães. Com filhos do primeiro e do segundo casamentos. Sem filhos. E há ainda aqueles amigos-irmãos, que superam qualquer ligação de sangue. De qualquer forma, seja lá qual for a combinação, uma refeição entre os seus continua a ser uma das melhores coisas da vida.

E se essas são as pessoas que você mais ama no mundo, não há porque se esforçar menos para agradar a elas do que aos convidados de um jantar cheio de formalidades. A diferença é que, com esses queridos, a tensão com os preparativos pode ficar de lado. Você sabe do que cada um gosta e desgosta e, se preciso for, é só pedir ajuda que tudo se resolve. Sem cerimônia e com afeto de sobra, cada encontro em família alimenta os vínculos e faz a gente se lembrar do que realmente importa.

SEXTA-FEIRA FELIZ

POR QUE ESPERAR UMA DATA ESPECIAL? ESTA FAMÍLIA SE ENCONTRA – E SE DIVERTE! – TODA SEMANA

Três gerações à mesa: a cada almoço, é a vez de um membro da família escolher o cardápio do dia

{1} Oferta irresistível: troque o celular por guacamole! Saída diplomática para fazer todo mundo desgrudar da telinha **{2}** O arranjo de Lucia Milan, com flores brancas e vários tons de verde, foi montado sobre um suporte de madeira **{3}** Cortadas em lâminas unidas pela base, as batatas assadas pegam mais o sabor das ervas – difícil alguém não gostar **{4}** A salada não tem saída? Servida em cestinhas de parmesão vai ser disputada: aqueça o queijo ralado na frigideira e modele-o numa tigela

HOJE TEM FEIJOADA

SEMPRE UMA FESTA, O MAIS BRASILEIRO DOS PRATOS NASCEU PARA SER COMPARTILHADO POR MUITA GENTE

Caminhos de mesa substituem a toalha nesse almoço ao ar livre. O balde de gelo com cervejas, ao fundo, foi pendurado num providencial galho de árvore

{1} Para abrir o apetite, caldinho de feijão servido na xícara. A tábua de madeira entra no lugar do jogo americano {2} A caipirinha vem com um porta-copos cheio de ginga: um pandeirinho de brinquedo {3} O encontro é descontraído, mas uma frescurinha não faz mal a ninguém: ramo de lavanda para decorar a mesa e espantar insetos {4} A estrela do dia chega fumegante na panela de cerâmica: feijoada tradicional, com todos os pertences

1

2

3

4

{1} Feijoada que se preze tem de vir acompanhada de laranja cortadinha e couve refogada {2} Depois de tanta comilança, que tal um chazinho de hortelã para ajudar na digestão?

A tábua de cozinha indica o cantinho da preguiça: uma boa rede para terminar o dia como se deve

CANTINHO
DA
PREGUIÇA

VEM PARA O CHURRASCO!

CARNE NA GRELHA, TEMPO BOM, NADA DE PRESSA:
O ENCONTRO EM VOLTA DA BRASA NÃO TEM HORA PARA TERMINAR

{1} Um simples nó basta para deixar o guardanapo ajeitadinho. Tábuas de cozinha servem de jogo americano e ainda apoiam os talheres **{2}** O caminho de mesa destaca os arranjos em potes de conserva

{1} Para um programa que dura até o anoitecer, vale providenciar velas protegidas do vento em vasos e cachepôs de vidro {2} No escorredor de macarrão colorido, o gelo para a caipirinha não se afoga em meio aos cubos derretidos {3} A paleta de cordeiro, marinada em vinho branco e ervas, vai à churrasqueira embrulhada em saco próprio para assar {4} Em potinhos individuais no balde de gelo, a sangria é um drinque de boas-vindas irrecusável

MESA SEMPRE CHEIA

EM FAMÍLIAS GRANDES, CADA REFEIÇÃO É UM ACONTECIMENTO. E COM TODO MUNDO AJUDANDO FICA MUITO MAIS GOSTOSO

{1} O pão vai à mesa embrulhado com guardanapo: com jeitinho, o trivial fica especial **{2}** Flores e velas em baldes de zinco formam arranjos flutuantes

A filha mais velha cozinha, a mãe arruma as flores, os meninos cuidam da louça... A família toda põe a mão na massa para fazer do almoço um sucesso

DE ÚLTIMA HORA

{1} O camarão ao curry, de preparo simples, é opção certeira para quem gosta de frutos do mar e temperos marcantes {2} Em triângulos geladinhos espetados no palito, a melancia é praticamente um picolé natural. Delícia! {3} Entrada saborosa, que você faz num piscar de olhos: folhas de rúcula enroladas em fatias de presunto de Parma {4} O tiramisù alegra quem prefere uma sobremesa menos light

Garrafas de refresco se misturam a outras com flores na cesta galvanizada usada como balde de gelo

À MODA ORIENTAL

PREPARAÇÕES LEVES, LOUÇAS DELICADAS, TUDO EM HARMONIA: UM ENCONTRO COM CARDÁPIO E DECORAÇÃO À JAPONESA

1

2

RECEITA NA PÁG. 193

{1} Lenços comprimidos são a versão moderna do oshibori, a toalha quente para limpar as mãos à mesa. Basta pingar água para as cápsulas se expandirem **{2}** A salada de harusame, macarrãozinho transparente, costuma agradar mesmo a quem não está habituado à culinária nipônica

Musgos e seixos formam o centro de mesa que remete a um jardim oriental. Uma faixa de filme plástico sob o arranjo protege o tampo

Um origami (dobradura japonesa) mantém os hashis unidos. Para apoiar os palitinhos, a sugestão é usar um seixo

{1} Enquanto o almoço não é servido, a ala mirim da família se diverte fazendo dobraduras **{2}** O oniguiri (bolinho de arroz) ganha apresentação divertida no bentô (marmita) das crianças **{3}** Os origamis feitos pelas crianças viraram a lembrancinha do encontro, com direito a bilhete bilíngue de agradecimento **{4}** Para acompanhar o chá ao final da refeição, biscoitinhos da sorte em caixinhas de dobradura: toque da China no Japão

CHÁ, CAFÉ E AFINS

INSPIRAÇÃO PARA COMEÇAR BEM O DIA OU CURTIR A TARDE EM GRANDE ESTILO

Nessa vida corrida, não é raro o café da manhã se resumir a uma xícara virada em três goles e uma torrada abocanhada às pressas, de olho no relógio. Tomar o lanche da tarde sentado à mesa (não vale a do computador!), então, é utopia pura para quem já passou dos 12 anos. Mas não precisa ser sempre assim. Num domingo preguiçoso ou naquele feriado no meio da semana, experimente investir nessas duas refeições. Pode ser um café caprichado, com direito a muitas flores na mesa, para surpreender quem é de casa, ou um encontro para pôr a conversa em dia com os amigos.

Até mesmo uma festa cabe nesse horário alternativo. E com algumas vantagens: em que outro período seria possível fazer um cardápio só de panquecas, por exemplo? Sem falar que numa comemoração diurna sobra tempo para se recuperar daquela taça a mais de espumante na noite anterior.

Glamourosa ou deliciosamente caipira, com brioches ou quitutes mineiros, escolha sua mesa de café/chá. E lembre-se de esquecer do relógio.

JEITINHO MINEIRO

COM UMA MESA CHEIA DE QUITUTES E CAPRICHOS,
O INÍCIO DO DIA FICA BOM DEMAIS DA CONTA

1

2

3

4

{1} A geleia de melancia aproveita também a parte branca da fruta no preparo {2} Café mineiro sem pão de queijo não é café mineiro. Nesta receita de família, o pãozinho leva batata na massa {3} Que tal um chazinho? A xícara tombada, com flores recém-colhidas no jardim, deixa os saquinhos mais convidativos {4} A jarra básica transparente ganha cor e graça com uma fita vermelha envolvendo a alça

Bules individuais de café, bolinhos no prato de andares e suco fresquinho: fartura na mesa emoldurada por janelas coloniais

CAFÉ CINCO ESTRELAS

APROVEITE O FINAL DE SEMANA PARA PREPARAR EM CASA UM DESJEJUM DIGNO DE HOTEL DE LUXO

{1} Já que o café é especial, que tal servi-lo na mesa de centro e se acomodar em almofadas no chão? Nos arranjos, louças diversas substituem vasos {2} Para uma manhã gloriosa: espumante decorado com raminho de lavanda

{1} O mexedor do suco vem com mensagem alto-astral. No lugar do porta-ovos tradicional, foi usado um minivaso em formato de passarinho **{2}** Para o leite do cereal, a dica é servir doses individuais, reaproveitando garrafinhas de leite de coco **{3}** Em bules com gelo, as frutas se mantêm fresquinhas **{4}** Apresentação delicada para os waffles: cortados em triângulos, com copinhos de mel

MANHÃ NA FAZENDA

PÃO CASEIRO, BROAS E DELICIOSAS CAIPIRICES NA DECORAÇÃO LEVAM OS ARES DA ROÇA PARA O CAFÉ NA CIDADE

{1} Chegada triunfal dos ovos quentes, no prato com pé e redoma **{2}** Uma fatia desse pão de mandioca equivale a uma passagem para o interior! **{3}** A cadeira sai do sério vestida com um avental – que ainda vem com colheres e batedor de claras, só para fazer mais graça

A galinha de louça vira o mais simpático dos pesos de guardanapo

RECEITA NA PÁG. 185

O escorredor antigo
acomoda os pratos
para o bolo de iogurte
e canela. E pode misturar
as louças sem medo!

{1} Envolvidas por um pano de prato preso por um pregador, as broinhas de fubá chegam ainda quentinhas à mesa {2} Buquês de flores de ervilha, amarrados com retalhos, dão as boas-vindas a quem passa pela porta holandesa {3} Ultracremosa e simples de fazer, a ricota caseira só leva leite, um pouquinho de vinagre e sal

HORA DO CHÁ

FAÇA UMA PAUSA. SINTA OS AROMAS, BEBA COM CALMA E COMPROVE: UMA BOA XÍCARA QUENTINHA FAZ MARAVILHAS POR VOCÊ

{1} A granel: colheres de madeira trazem marcado o nome da infusão dentro de cada louça **{2}** Em cubinhos, em palitos, do tipo mascavo ou demerara: se a preferência for pela bebida adoçada, não faltam opções **{3}** O biscoitinho com chocolate imita uma etiqueta de saquinho de chá

Não precisa nem de flor: a mistura de bules trabalhados já vale por um arranjo na bancada

TARDE DE RAINHA

A BOA VIDA DE MARIA ANTONIETA É A INSPIRAÇÃO PARA ESSE CHÁ DA TARDE GLAMOUROSO. VOCÊ MERECE!

{1} Bem amarradas com fitas, xícaras viram românticos vasinhos suspensos **{2}** A minijarra guarda flores e talheres para cada convidado

{1} Brioche com recheio de creme de brie {2} Refresco aromático: o vaso transparente serve como poncheira para servir a água com rosas {3} Mimo: o arranjo de flores se desmembra em vários buquezinhos para distribuir no final do encontro {4} O cupcake faz jus ao nome e vai para a mesa em lindas xícaras de louça

FESTA DA PANQUECA

DOCES E SALGADOS, EM TAMANHOS VARIADOS, OS DISCOS DE MASSA LEVE RENDEM ASSUNTO PARA A TARDE INTEIRA

RECEITA NA PÁG. 186

{1} No palito de sorvete, as minipanquecas mergulham na calda de caramelo sem lambuzeira {2} Duas fitas de cetim paralelas, presas à mesa, organizam os talheres com charme {3} Do tamanho de uma bocada, os blinis podem ser acompanhados de creme azedo, salmão gravlax e caviar {4} O espaço sob a mesa também merece atenção. Aqui, esse cantinho normalmente esquecido ganhou o arranjo em engradados da Bothanica Paulista

Mais estufadinha, no estilo americano, essa panqueca leva fermento e buttermilk na massa

FORMAL LEGAL

COM POMPA E CIRCUNSTÂNCIA, MAS SEM CARETICE

Descontração não é sinônimo de desleixo. E formalidade não precisa significar chateação. Certas ocasiões pedem um olhar mais cerimonioso na hora de montar a mesa e pensar na decoração – o que, acredite, pode ser bem divertido. É tudo uma questão de respeitar certas regras e quebrar sabiamente outras tantas.

Colocar o garfo à direita ou deixar a lâmina da faca voltada para fora, por exemplo, é de causar infarto em quem prima pela etiqueta. Mas inventar uma bossa nova para posicionar o guardanapo ou usar o serviço de chá para acomodar arranjos são subversões deliciosas, que tornam a mesa formal mais acolhedora. Afinal, o que todo bom anfitrião quer é que os convidados fiquem à vontade e curtam o encontro, sejam eles do mais próximo círculo de amigos ou aquele casal que vai conhecer no dia do jantar.

BRASIL NA MESA

ALEGRIA TROPICAL NO DÉCOR E TOQUE BRASILEIRO NO CARDÁPIO GARANTEM UMA RECEPÇÃO CALOROSA E ELEGANTE

1

2

{1} Frutas tropicais, como caju grelhado, deixam a salada de folhas muito mais interessante
{2} O passarinho de louça marca o lugar do convidado: formalidade com leveza

{1} Viva a frescura! Miniabacaxis ornamentais viram descansos de talher **{2}** Sabores brasileiros: robalo com velouté de cachaça, acompanhado de purê de banana-da-terra **{3}** Usar gaiolas é um jeito de surpreender na decoração. Esta exibiu drinques e arranjos exuberantes **{4}** A mesa de café foi montada em uma escrivaninha antiga, que acomodou louças e talheres na gaveta semiaberta. Para adoçar a despedida, balinhas de coco

CLÁSSICA IRREVERENTE

NOVOS USOS PARA A LOUÇA E A PRATARIA
TIRAM A MESA DO SÉRIO

{1} A prataria sai do armário: apoiados sobre vasinhos emborcados para ganhar altura, jarra, bule e açucareiro com flores compõem o centro de mesa **{2}** Porta-velas de vidro podem ser usados como saleiros e pimenteiros individuais **{3}** Depois de cumprir a função de segurar o guardanapo, a xícara acomoda os crudités, servidos como aperitivo

Quebra de protocolo: a alça da xícara de café substitui o anel de guardanapo

TRIVIAL CHIQUE

COM A LOUÇA CERTA, FLORES EM LOCAIS ESTRATÉGICOS E UM TOQUE CRIATIVO, O CARDÁPIO BÁSICO VIRA O MÁXIMO

{1} No lugar de um centro de mesa, aposte em arranjos individuais, distribuídos em taças **{2}** O guardanapo de papel prende o de tecido e pode ser usado para limpar o batom **{3}** Nada mais prosaico do que pão com manteiga. Mas com manteigueira individual o couvert é puro luxo!

{1} A salada servida em xícaras ganha crocância e graça com pipoquinhas recém-estouradas {2} Castiçais de prata e vidro alternam velas e flores numa combinação original {3} Rosbife de filé-mignon com cebolas glaceadas e redução de vinho do Porto: opção certeira e descomplicada {4} O vaso de cerâmica entra no lugar do tradicional balde de gelo

A MESA COMPLETA

SAIBA A DISPOSIÇÃO CORRETA DE TALHERES E AFINS E EVITE CONFUSÕES COM A TAÇA DO VIZINHO

Talheres: garfos ficam à esquerda; facas e colher de sopa, à direita. A sequência de uso, nas etapas de uma refeição, é de fora para dentro. Talheres de sobremesa ficam à frente do prato.

Taças: sempre à direita. São pelo menos duas: uma para água e uma para outra bebida. Certas mesas contam com até quatro delas: a maior para a água e as outras para vinhos tinto, branco e espumante. A do vinho branco é menor do que a do tinto.

Guardanapo: à esquerda ou sobre o prato. Anéis de guardanapo são uma solução prática e elegante para deixar o tecido ajeitadinho.

Prato de pão: fica à esquerda, acompanhado de uma faquinha para manteiga e outras pastas. Para cortar o pão, não precisa complicar, use as mãos.

FESTA DE CRIANÇA

UM TANTO DE TRABALHO, ALGUMAS HORAS DE ALEGRIA E BOAS MEMÓRIAS PARA A VIDA TODA

Vamos falar a verdade: fazer festa para criança é um trabalho insano. Antes, durante e depois do evento. Tem as lembrancinhas que você decide costurar à mão (e lá pelas tantas levam ao inevitável questionamento: "onde eu estava com a cabeça quando inventei isso!?"), tem o coleguinha que só para de correr quando se rala todo no quintal e abre o berreiro, tem o rastro de brigadeiros esmagados, que você vai descobrir nos mais improváveis lugares. Apesar de tudo isso – ou também por causa disso, já que essa bagunça faz parte da farra –, preparar uma festa em casa para a garotada é um desses momentos impagáveis na vida de uma família.

Você pode pedir ajuda para empresas especializadas ou para os amigos prendados para organizar a decoração e as comidinhas. Mas, ainda que não tenha muitos dons nessas áreas, vale a pena também botar a mão na massa – nada como ter filhos para descobrir talentos ocultos.

No final, a trabalheira sempre compensa. Uma hora, o brigadeiro grudado no tapete vai sair. Já as lembranças desse dia especial vão durar por muitos e muitos anos.

FARRA NA PRAÇA

TRANSFORME A PRACINHA DO BAIRRO OU O PARQUE MAIS PRÓXIMO NO CENÁRIO DE UMA FESTA DEMOCRÁTICA E ALTO-ASTRAL

{1} O leite batido com morango fica irresistível servido em garrafinhas com a borda confeitada **{2}** A carinha é de porco, mas o recheio destas empadinhas é de frango

Não precisa exagerar na decoração: com bandeirinhas e enfeites em locais de destaque, a praça já entra em clima de festa

PARABÉNS

BAR DE
PIPOCA

Que tal um bar de pipoca? Experimente oferecer vários sabores, doces e salgados, e deixe saquinhos para os convidados se servirem

{1} Fitas adesivas, do tipo washi tape, enchem de cor os talheres descartáveis de madeira **{2}** Brincadeira esperta: letras gigantes, feitas de papelão e fita adesiva, para formar palavras na grama **{3}** Festa na praça não combina com eletrônico: leve um sortimento de diversões como bolas, corda e outros apetrechos para usar ao ar livre **{4}** Vestida de xadrez, a lixeira fica mais bonita e chamativa: assim, ninguém erra o alvo

MONSTROS!

DENTUÇOS, ZOIUDOS E SIMPATICÍSSIMOS, OS MONSTRENGOS NÃO ASSUSTAM NINGUÉM, SÓ FAZEM RIR

{1} Até o encosto da cadeira entra na temática monstruosa **{2}** Para pegar os talheres, é preciso colocar a mão na boca do monstro!

{1} Máscaras de papel animam o concurso de careta. Estas são da Obba Design de Festas **{2}** Com bolas de isopor pintadas, massinhas e recortes, você monta uma oficina de monstros para a garotada: cada um inventa o seu **{3}** Garrafinhas de refresco com recortes de papel-adesivo entram na decoração bolada pela Bendita Festa **{4}** Depois de criar seu monstrinho na oficina, as crianças podem levar para casa sua criação em sacolinhas customizadas

UM DIA DE CÃO

NEM HOMEM-ARANHA NEM CAPITÃO AMÉRICA. O HERÓI DESTA FESTA É O VELHO E BOM CACHORRO!

{1} Na proposta da Parangolé, copinhos de papel viram um lindo cordão decorativo, e desenhos feitos pelas próprias crianças enfeitam a parede **{2}** Pratinhos e copos de papel, colados com massa adesiva, formam um perfeito prato com andares

{1} A dupla de melhores amigos de brinquedo decora o bolo, sob o varal de símbolos caninos {2} Aqui, a brincadeira é servir bolinhas de cereal em potinhos de ração (comprados especialmente para a festa, claro. Não vale o do Totó!) {3} O baldinho das bolhas de sabão recebeu aplique de patinhas {4} Brownies também podem receber uma assinatura canina

NA CASA DA VOVÓ

NESSA FESTA DE 1 ANO, SUPERCASEIRA, NÃO TEVE STRESS PARA O BEBÊ E TODO MUNDO CURTIU O CLIMA DE ANTIGAMENTE

POUCO ESFORÇO, MUITO EFEITO

Na parede, bolas coloridas de páginas de revistas e quadros de animais. Salgadinhos servidos em assadeiras reforçaram o clima caseiro da festa

{1} A janela veneziana virou arquibancada para dedoches de animais **{2}** Até o cabideiro ganhou enfeite de bichos, recortados de caixinhas de pipoca **{3}** Bichinhos da fazenda decoraram os docinhos **{4}** A mesa mais baixa foi montada para os convidados menorzinhos

1

DE ÚLTIMA HORA

2

3

4

Bichos foram o tema da decoração toda feita pela mãe do aniversariante, Elisa Lunardi, dona do ateliê de festas AB Casinha

{1} Para os convidados levarem como lembrancinha, cubos para recortar e montar. As imagens foram compradas num site e impressas em casa **{2}** A roseira da vovó ganhou um providencial aviso, para evitar acidentes com espinhos **{3}** Bandeirinhas de crochê, penduradas no varal, alegraram o quintal **{4}** Um painel pintado com encaixe para a cabeça sempre faz a alegria dos fotógrafos

BRUXINHAS À SOLTA

E NÃO É QUE A TRADIÇÃO DO HALLOWEEN PEGOU MESMO POR AQUI? IDEIAS PARA ANIMAR A DATA NÃO FALTAM

{1} A indefectível abóbora ganha a companhia de morcegos recortados em papel preto, pendurados com fios de náilon {2} Não é preciso ser exímio artista para incrementar os copos brancos com fantasmas desenhados com caneta hidrográfica

{1} Com olhos e bocas de cartolina preta, mais uma cobertura de tule, sinos de papel comprados prontos se transformam em seres fantasmagóricos {2} Versão na taça de Jack da Lanterna, com refrigerante laranja e recortes de papel-adesivo {3} Fantasminhas de gaze: para dar sustentação, engome as cabeças com cola branca. Olhos pintados com canetinha completam o serviço {4} Sorriso na mesa! A dentadura de vampiro faz o papel de anel de guardanapo

BEBÊ A CAMINHO

DO CONVITE PARA O CHÁ À LEMBRANÇA DA MATERNIDADE, CONFIRA IDEIAS PARA CELEBRAR A MELHOR DAS NOTÍCIAS

{1} Com passarinhos de papel, o varal de roupinhas torna-se parte da decoração do chá de bebê **{2}** Na moldura colorida, com letrinhas num cordão, o brinquedo vira enfeite de porta **{3}** Ideia para nomes curtos: babadores com aplicação de letras de tecido para decorar (e mais tarde usar!)

{1} O passarinho de feltro no convite pode ser destacado e virar mimo decorativo – para uma dose de fofura num vaso de flor, por exemplo **{2}** Para os convidados mandarem recados para quem vai chegar: minivaral na moldura, com roupinhas de papel **{3}** No lugar de flores, cataventos formam o arranjo para o chá de bebê, montado numa bandeja **{4}** Jeito mimoso e prático de embalar macarons, amêndoas e outras lembrancinhas: em cones de papel colorido, amarrados com tule

BALADINHA CASEIRA

BOA MÚSICA, BONS DRINQUES E BOA COMPANHIA NO CONFORTO DO LAR

Tem fases da vida em que basta meio convite para você correr para a balada, não importa o dia da semana. A noite começa em um barzinho, continua em outro e termina na pista de dança, quase ao amanhecer. E milagrosamente você ainda acorda inteirão para encarar o dia seguinte. Difícil manter esse pique indefinidamente (convenhamos, ainda bem, né?).

Mas só porque os efeitos da ressaca ficam tão impiedosos com o passar do tempo não significa que você deva se aposentar da boemia. Não tem mais paciência para aguentar fila na entrada da boate, pisão no pé e vendedor de poesia na madrugada? Chame os amigos e organize uma noitada com drinques, comidinhas e muito mais conforto do que na vida noturna lá fora.

De acordo com o clima que você quiser dar ao encontro, sua casa pode virar o bar da moda, o boteco mais animado do bairro ou até voltar no tempo e ser o cenário de uma festa retrô. Beba bastante água entre uma taça e outra e divirta-se!

DIVERSÃO!
Ensaie seu melhor Sorriso
Comidinhas
HUUUUMMMMMM
Chapelaria
toalete

ANIVERSÁRIO DE ADULTO

COMEMORAR MAIS UM ANO COM MUITA DIVERSÃO NÃO É EXCLUSIVIDADE DOS PEQUENOS. CAPRICHE NO PARABÉNS A VOCÊ!

{1} O azulejo vira um prato original para canapés **{2}** Travessura para adultos: gelatinas alcoólicas, vistosas e tentadoras **{3}** Um potinho com lápis de chocolate no cantinho dos fumantes pode ajudar a matar a vontade de quem já parou ou está tentando parar com o fumacê **{4}** Volta à infância: doces de boteco, como suspiros quadrados, maria-mole e marshmallow com chocolate substituem o bolo na hora do parabéns

Silhuetas recortadas no papel preto dão o toque diferente aos balões de gás hélio. Ideia da Bendita Festa

DRINQUES SELF-SERVICE

COM UMA BANCADA DE BEBIDAS ESPERTA, A CURTIÇÃO COMEÇA NO PREPARO DOS COQUETÉIS

{1} Potes de conserva rendem ótimas coqueteleiras. Deixe vários à disposição e evite filas para chacoalhar as misturas {2} Cubos de gelo com frutas e ervas, como mirtilo e hortelã, decoram e aromatizam os drinques {3} Deixe receitas à vista para facilitar a vida dos barmen amadores {4} Espetos de frutas viram mexedores decorativos e comestíveis

Em cestinhas coloridas, as frutas para a caipirinha ficam expostas como se estivessem na feira

OPEN HOUSE

PODE FALTAR UM MÓVEL ALI OU UM QUADRO LÁ, MAS A ANIMAÇÃO É GARANTIDA NA FESTA DE ESTREIA DA CASA NOVA

DE ÚLTIMA HORA

{1} Setas penduradas apresentam os cômodos da casa com bom-humor
{2} Um vaso com galhos para os convidados pendurarem recados decora a festa e depois vira uma boa recordação para os donos da casa

{1} Que tal adotar o costume oriental de tirar os sapatos na entrada? Para deixar os convidados mais à vontade, disponibilize chinelos ao lado da porta **{2}** Cada convidado pode contribuir com uma louça para a nova casa. A graça é formar um jogo exclusivo, onde cada peça é única e lembra um amigo **{3}** A cozinha ainda carece de ajustes? Invista em gostosuras práticas, como hot-dogs com várias opções de molho **{4}** Boas-vindas são importantes e uma boa despedida também! Que seja a primeira de muitas celebrações

BOTECO EM CASA

CERVEJA GELADA, PETISCOS E CLIMA DE BOEMIA: CHAME A FREGUESIA PARA UMA NOITADA SEM HORA PARA ACABAR

{1} Máximas da filosofia de bar vão parar no jogo americano {2} Pasteizinhos de ragu de cordeiro, servidos na cestinha de plástico, bem sem-vergonha {3} Surpresa no tira-gosto: amendoins e amêndoas são servidos a granel, no gaveteiro. É só pegar seu saquinho e encher {4} Engradados acomodam os copos (americanos, claro) e as bolachas de chope

Azulejos, usados como caminho de mesa, fazem referência aos botequins cariocas

RECEITA
NA PÁG.
191

{1} Plaquinha bem-humorada para a noite por conta da casa **{2}** Bolinhos de arroz com especiarias. Para aumentar a dose de pecado, recheie com queijo de coalho ou linguicinha **{3}** Garrafinhas de cachaça com etiqueta personalizada asseguram que o encontro entre para os anais da boemia **{4}** Bolachas de chope emolduradas viram quadros decorativos

Que botequeiro resiste a um caldinho de feijão no meio da noite?

FESTA RETRÔ

PONCHE, COQUETEL DE CAMARÃO, DÉCOR COM UM PÉ NO PASSADO: UM ENCONTRO EM CLIMA DE REVIVAL É BACANA À BEÇA!

{1} Esta versão rápida de ponche leva 1 garrafa de espumante, 1 xícara de vinho tinto, 1 xícara de suco de limão e pêssegos em calda picados {2} O icônico coquetel de camarão, na travessa com gelo, entrega logo a pegada retrô do cardápio

Clássico dos anos 70, o banco Tam Tam entra na festa disfarçado de champanheira

DE ÚLTIMA
HORA

{1} Viagem no tempo: mandiopã servido no bowl de Murano {2} Estronogofe, esse eterno favorito, vem em novo visual: dentro de um minipão {3} A batatinha aperitivo aparece bem temperada com vinagrete de tangerina {4} É mais do que um aperitivo, é um acontecimento: frios, picles e frutas em palitinhos, espetados numa melancia cortada ao meio

{**1**} Com cubinhos coloridos na base de creme de leite, a gelatina psicodélica é sobremesa de infância para devorar às colheradas {**2**} Kit nostalgia para a despedida: cada convidado escolhe seu item na bandeja, entre produtos e objetos que marcaram época {**3**} No aparador, guloseimas para se lembrar da cantina da escola {**4**} Playlist no celular pode ser a coisa mais prática do mundo, mas o charme de um disco na vitrola é imbatível

1

2

3

4

FLORES E MAIS FLORES

EM ARRANJOS VISTOSOS OU EM DELICADOS VIDRINHOS, ELAS MUDAM TUDO COM SUA PRESENÇA

Elas foram feitas para agradar. Seja como artimanha da natureza, para chamar insetos polinizadores; seja como estratégia de sedução dos apaixonados, o fato é que as flores nasceram para chamar a atenção e atrair quem está ao seu redor.

Pode reparar: a diferença entre um ambiente com flores e um sem é gritante. E não precisa ser um mega-arranjo exuberante. Muitas vezes, basta um ramalhete colhido no jardim para mudar completamente o astral do lugar.

E aí chegamos a outro ponto: em jantares, festas e afins, a lista de preparativos geralmente inclui flores. Mas por que esperar essas ocasiões para preencher os vasos da casa? Ou nem precisa ser vaso, de fato: latas de chá, vidrinhos de baunilha e dezenas de outros recipientes podem acomodar arranjos. Nas páginas a seguir, você vai ver 27 maneiras de deixar a vida mais florida.

POUCO
ESFORÇO,
MUITO EFEITO

Você só precisa de uma travessa com jeito de antiguinha e um ramalhete de mosquitinhos para fazer um poético centro de mesa

1

2

{1} Miniarranjos em frascos de perfume são perfeitos para decorar o lavabo
{2} Primavera instantânea: galhos de cerejeira em bules de café de ágata

O improviso na cadeira antiga leva ares da Provença ao jardim

{1} Louças brancas com astromélias vermelhas e rosas formam um lindo contraste. Livros antigos acrescentam altura e movimento ao conjunto **{2}** Vidros com detalhes dourados (ao pintar, use fita adesiva para delimitar os espaços) formam uma composição moderna e elegante **{3}** A mistura de frascos de vários formatos, flores e folhagem dá personalidade ao arranjo

Surpreenda os convidados com flores em lugares inusitados. Aqui, elas decoram a escada de bambu, embrulhadas num saquinho de papel

{1} Capricho para pendurar na maçaneta da porta ou onde você preferir: galho de eucalipto e mosquitinhos, num círculo de arame com gancho **{2}** Não é preciso ter mãos de florista para fazer esse centro de mesa com miniaquários e rosas

Latas de chá compõem
um centro de mesa com
efeito acolhedor

{1} Frasquinhos bem pequenos, como aqueles de essência de baunilha, viram vasinhos mimosos para arranjos individuais {2} A lata de manteiga entra no décor com flores e alça de eucalipto {3} Novo uso para o livro esquecido: o arranjo, espetado em espuma floral forrada com filme plástico, foi encaixado na cavidade feita com estilete

VALDES
DICTIONNAIRE
FRANÇAIS
PORTUGAIS
ADVENTURER
TEA
DELICIOUS
WARMING

DE ÚLTIMA
HORA

Dentro do ralador de metal, um potinho com água acomoda o buquê

{1} Margaridinhas em vidros, distribuídos num engradado: não é preciso preencher todos os espaços, o charme está na distribuição aleatória **{2}** Surpreenda os convidados com um varal de flores. Espécies como áster, rosa spray e lavanda ficam bonitas secas e podem ser reaproveitadas depois

Bem amarradas com ráfia em estacas de bambu, as garrafas transparentes com flores deixam o jardim com cara de festa no ato

{1} Caixas de vinho são excelentes cachepôs {2} A amarração de flores leva uma dose de romance à toalha de mesa {3} Fatias de limão dão o toque original a esse arranjo, feito com um vaso dentro de outro

Para fazer vista: pratos intercalados por camadas de musgo, flores no bule e um laço para arrematar

{1} Perto da porta ou num canto vazio, despretensiosa, uma sacola de palha com um maço de rosa spray muda o cenário **{2}** Rolhas com uma cavidade acomodam minirrosas. Para que durem mais, amarre um algodão molhado na ponta do caule

Misturar cores é bom, mas a monocromia também cai bem: um elegante cantinho com vasos e flores brancas tem efeito tranquilizador

{1} Com vasos transparentes e gotas de corante em doses diferentes, você cria um centro de mesa fora do comum **{2}** Potes de mantimento garantem o estoque de fofura da casa

CASAMENTO

PARA DIZER SIM EM GRANDE ESTILO

Amor é o que interessa. Mas um clima aconchegante e uma decoração com detalhes criativos também ajudam a fazer a felicidade dos noivos e dos convidados nessa data tão importante.

Como bem sabe quem já passou ou está passando pela experiência de organizar uma festa de casamento, a estratosfera é o limite para os gastos com o enlace. Uma dica, portanto, é estabelecer as prioridades do casal: dá para abrir mão daquela casa de eventos para investir no buffet preferido? Se diminuir o gasto com flores, sobra mais para o espumante? DJ top ou bolo do pâtissier dos sonhos?

Para este livro, selecionamos três casamentos completamente diferentes: em casa, na praia e no campo. Em comum, eles têm a atmosfera de carinho e alto-astral. No final do capítulo, você vai encontrar ainda uma coletânea de ideias simples de reproduzir – bom gosto sem luxo exagerado. Ostentação, só de felicidade.

EM CASA

O JARDIM DA FAMÍLIA DA NOIVA FOI O CENÁRIO DE UM CASAMENTO COM CLIMA INTIMISTA E TOQUE VINTAGE

{1} Os galhos da pitangueira ficaram carregados de recados para os noivos. Depois da festa, os bilhetes foram reunidos e viraram um quadro **{2}** Alianças amarradinhas com uma fita de cetim **{3}** Arranjos caprichados de flores, distribuídos no encosto de algumas cadeiras, reforçaram o romance no ar

{1} Sofás, piso de madeira e o uso de fibras naturais, como o tapete de sisal, garantiram o conforto e o ar aconchegante na festa ao ar livre {2} O vestido da noiva teve um quê de retrô. E não faltou a tradicional chuva de arroz {3} Com a hashtag do casamento deixada bem à vista dos convidados, os noivos puderam conferir todas as fotos postadas pelos amigos {4} A mesa de chá teve uma grande bandeja com ervas frescas. Era só cortar as folhinhas (com a tesourinha antiga) e preparar sua infusão

1

2

3

4

NA PRAIA

COM CONCHAS, MADEIRA E FLORES, A DECORAÇÃO SÓ COMPLEMENTOU O CENÁRIO DE SONHO DESSE CASÓRIO NO SUL DA BAHIA

{1} A noiva chega com o pai, de barco, para a celebração à beira-mar **{2}** Tensão no altar? Que nada! O noivo se refresca com uma água de coco enquanto espera a noiva

A esteira de palha leva ao altar montado bem no encontro do rio com o mar, em Caraíva, sul da Bahia

Em vez de embarcar num carro com latinhas, os noivos deixaram a cerimônia numa charrete de madeira, bem no espírito local

{1} O pratinho das alianças foi uma concha com flores e folhas **{2}** O arranjo na mesa rústica teve tronco e conchinhas, para combinar com o lugar **{3}** Chaise longue, bancos rústicos, esteiras e almofadas: o lounge montado ao ar livre tinha clima de férias

lagoa
RAFA
MAIRA

NA FAZENDA

MEIO PIQUENIQUE, MEIO SARAU E TODINHA ANTICONVENCIONAL:
UMA CELEBRAÇÃO NO CAMPO, COM ATMOSFERA MÁGICA

1

2

3

{1} O cartaz escrito à mão, na porteira da fazenda em Bragança Paulista (SP), indica o caminho do casório **{2}** A paineira centenária foi o local escolhido para o altar. Os convidados acompanharam a cerimônia em esteiras e almofadas espalhadas na grama **{3}** Pão de queijo, broa de milho, salada de frutas, escondidinho, tábua de queijos e pão caseiro: cardápio no estilo piquenique

{1} Fim de tarde, fim de festa: no altar, iluminado com lanternas pendentes, os noivos encerram a comemoração do jeito mais romântico {2} Numa grande garrafa de vidro, os padrinhos colocaram serragem e flores coloridas, simbolizando os votos de felicidade ao casal {3} Até o brinde fugiu do padrão: no lugar do espumante, os copinhos tinham uma bebida à base de cachaça, curtida pelo próprio noivo {4} O garrafão da felicidade teve versão míni, distribuída aos convidados como lembrancinha da festa

1

2

3

4

EM TODO LUGAR

SUGESTÕES DESCOMPLICADAS PARA UMA FESTA DE CASAMENTO APAIXONANTE

POUCO ESFORÇO, MUITO EFEITO

Marcador de mesa simples e funcional: uma garrafa com "rótulo" numerado, que também serve de vaso

{1} Pompons coloridos, para jogar sobre os noivos, são uma alternativa moderna ao arroz {2} Sugestão com charme rústico para a marcação das mesas: cachepô com um retângulo pintado com tinta de lousa {3} Para a saída da igreja: a chuva de papeizinhos coloridos picotados (distribuídos em envelopes) cria um bonito efeito {4} Para quem não abre mão da tradição, saquinhos de tule são um jeito prático e simpático de distribuir os grãos de arroz

Bem-casados no sabor clássico são os melhores. Mas a apresentação pode ser novidadeira: que tal acomodar os docinhos na gaveta de um móvel antigo?

{1} Uma simples fita transpassada no encosto deixa a cadeira vestida para a festa
{2} A data escolhida para o grande dia é no verão? Distribuir leques – e lencinhos, para quem não se aguenta de emoção – é uma boa ideia
{3} Inusitado e gracioso: arranjo na bolsinha de tela de galinheiro no encosto da cadeira

DATAS ESPECIAIS

BONS MOTIVOS PARA REUNIR SUAS PESSOAS FAVORITAS NO MUNDO

Todo ano tem Páscoa, festa junina, Natal e ano-novo. E ovo de chocolate, quentão, árvore enfeitada e brinde com espumante. Em um momento de rabugice, alguém pode até dizer que está enjoado de tudo isso e que não aguenta mais o repeteco do roteiro. Mas é só faltar aquela receita de família para chover reclamação. Como assim não tem pernil assado?

O fato é que há algo de muito reconfortante na repetição. É bom sentir sabores conhecidos e rever aquela louça que só sai do armário nessas ocasiões especiais (embora a gente seja a favor de não economizar belezura e usar louças lindas sempre que possível).

O respeito aos rituais, no entanto, não impede de introduzir novidades nesses encontros, seja no cardápio, seja na decoração. Que tal uma festa junina com sotaque mexicano? Ou uma decoração em preto e branco na Páscoa? Para o Natal, então, sempre há uma nova forma de montar uma árvore. Na dose certa, é possível misturar tradição e surpresa, e conseguir contentar todo mundo. Afinal de contas, se tem uma coisa que não dá para enjoar é de estar juntinho de quem a gente gosta.

ALMOÇO DE PÁSCOA

A PALETA DE CORES É SÓBRIA, MAS A DECORAÇÃO É CHEIA DE GRAÇA NESSE ENCONTRO MUITO ELEGANTE

1

2

{1} O vasinho de suculentas feito de casca de ovo segura a etiqueta com o nome do convidado **{2}** Preto, branco e um pouquinho de azul: cores "sérias" e formato divertido para os prendedores de guardanapo

{1} O strudel de bacalhau e natas pode ser feito com massa filo, comprada pronta. Para acompanhar, salada verde com molho de mel e mostarda {2} Ovos da sorte, recheados com mensagens. Para esvaziá-los, faça um furo no topo e outro maior na base, sopre e deixe secar {3} Chocolate não pode faltar! Aqui, ele aparece na terrine com crème de marron: sobremesa tentadora e fácil de fazer {4} A fofura não precisa ser cor-de-rosa: cartões de coelho com rabinhos de pompom, pendurados em galhos de vime bolinha

COELHO & CIA

SURPRESAS PARA A GAROTADA PULAR DE ALEGRIA NO DOMINGO DE PÁSCOA

{1} Com tesoura e alguns pontinhos, retalhos de feltro se transformam em orelhas pontudas para prender o guardanapo **{2}** Olhos, bigode, focinho de coração: bastam alguns traços de canetinha para o copo branco entrar na brincadeira **{3}** A roda de coelhinhos recortados no papel-vergê faz a festa no prato de bolo

{1} Cansou de tanto coelho? Convoque pintinhos para participar da decoração {2} Pezinhos de cenoura no ovo cozido: para dar risada e devorar {3} Para guardar os troféus da caça aos ovos, sacolinha de papel com rabinho de pompom {4} Biquinho de feltro e canetinha dão vida aos ovos de galinha

FESTA JUNINA NO APÊ

COM QUITUTES TRADICIONAIS E BOAS SACADAS NA DECORAÇÃO, O CANTINHO URBANO VIRA UM ARRAIAL DOS MAIS ANIMADOS

{1} Bandeirinhas nas cadeiras marcam o nome dos convidados e decoram a louça. A mesa de madeira rústica faz um contraponto bom ao décor moderno **{2}** Chique no último: retalhos de tecido e corações de feltro para alegrar a sala-arraial **{3}** Triângulos de fita adesiva colorida decoram os copinhos com pipoca

{1} Eta, coisa boa! Minissanduíches com carne de panela desfiada **{2}** Não dá para ter fogueira? Deixe incensos em tabletes para acender aos pés de São João **{3}** Doce de abóbora, pé-de-moleque, paçoquinha... O suporte decorado com a argola do Divino exibe guloseimas juninas típicas **{4}** Croquetinhos de milho com carne moída, servidos em cestinhas de fritura com fitas

ARRIBA, SÃO JOÃO!

MESCLE CAIPIRICES BRASILEIRAS COM REFERÊNCIAS MEXICANAS PARA UMA *FIESTA* JUNINA SEM IGUAL

Lanternas, flores, castiçais pintados à mão e taças coloridas: tudo junto, misturado e em festiva harmonia

{1} Nesse encontro de culturas, o quentão vem com uma dose de tequila e fatias de abacaxi **{2}** A canjica ganha cor e um toque especial com o achiote, pasta de urucum usada na culinária mexicana **{3}** As flores multicoloridas fazem referência à musa mexicana Frida Kahlo. Bandeirinhas aparecem no estilo do país da pintora, com efeito rendado **{4}** Frida também é a inspiração para o painel com recorte na cabeça, pintado com guache: diversão para crianças e adultos

NATAL NO CAPRICHO

IDEIAS PARA MANTER A TRADIÇÃO
SEM CAIR NA MESMICE

Junte vários botões
de diferentes tamanhos
e crie um pingente
para o pinheiro

{1} Bolas em fitas de cetim enfeitam qualquer cantinho da casa **{2}** Árvore totalmente no espírito do feito à mão: retalhos de estampas diferentes, cordão trançado e grelot **{3}** Esta dura pouco tempo: árvore de macarons no prato de andares

{1} Uma fita vistosa, varetas de madeira e cartões de boas festas compõem a árvore estilizada para decorar a porta {2} Botões com motivos natalinos podem ser usados como marcadores de taça {3} Toque natalino a jato: use potes de conserva para acomodar várias bolas {4} Capriche no laço, pegue um bom maço de alecrim e use a prataria da casa para fazer uma guirlanda para lá de original

{1} Peças guardadas há anos, como castiçais e taças de prata, participam da festa em roupagem contemporânea: num engradado, com musgo e bolas **{2}** O astro da mesa natalina, em versão bem recheada: peru com alheiras e farofa de castanhas **{3}** A bola sai da árvore e vai à mesa como marcador de lugar. Para escrever, use uma caneta corretiva **{4}** Em vasinhos e salpicadas de pompons coloridos, as pinhas se transformam em miniárvores

1

2

3

4

{1} Na tacinha com lascas de madeira, o raminho de pinheiro faz o papel de miniárvore na mesa {2} Prendedor de talher, anel de guardanapo, marcador de lugar... As miniguirlandas de ramo de alecrim com miniguizo têm mil utilidades {3} Bandeja colorida e perfumada, para agradar a vegetarianos e carnívoros: legumes ao forno, com azeite de tomilho {4} Com uma poda estratégica, o maço de alecrim ganha formato de pinheirinho

{1} O pires se foi? Xícaras antigas desparceiradas rendem lindas velas {2} Potes de conserva com desenhos recortados no papel-cartão viram luminárias temáticas {3} Quer uma alternativa à guirlanda? Aposte em bastidores com bordados e grelots

{1} Composição simples de montar e muito chique: castiçais de alturas diversas e bolas **{2}** Quer leveza na decoração? Eis uma ideia que só falta sair voando! **{3}** Um amor de globo: estrelas de bolo de chocolate (use cortadores de biscoito) no ramequim coberto por um miniquário. Para completar, neve de açúcar!

{1} Feitos com papel e capricho, os marcadores vêm no formato certo para encaixar na taça {2} Com um cordão cheio de guizos, você customiza o prato de bolo {3} Guizos, barbante bicolor e um raminho: não é preciso muito para a mesa entrar no espírito natalino {4} Sobremesa que traz memórias de infância, o sorvetão com calda de chocolate combina com o clima de dezembro e com a casa cheia

ADEUS, ANO VELHO!

BRILHO, SORTE E ALTO-ASTRAL PARA COMEMORAR O RÉVEILLON COMO SE DEVE

{1} A cortina de dobraduras de tsurus, passarinhos de origami, decora a janela e espalha boa sorte **{2}** Gaiolas de rolhas de espumantes servem direitinho como anéis de guardanapo **{3}** Para entreter a garotada até a meia-noite, faça uma contagem regressiva – e explosiva! – com balões

{1} Números adesivos servem de marcadores para as flûtes e também podem ordenar uma boa brincadeira nos minutos antes da virada **{2}** Chapéus com pompons e festão compõem um arranjo divertido para a mesa ou bancada **{3}** Tubos de ensaio com lantejoulas: para guardar de recordação ou espalhar brilho depois da meia-noite

CASEIRICES

DETALHES PARA ENCANTAR OS CONVIDADOS E DEIXAR O DIA A DIA MAIS ALEGRE

Caseirice não é uma palavra que você vai encontrar no dicionário. Mas esse neologismo define à perfeição o que a gente mais valoriza nas produções de *Casa e Comida*: detalhes que fazem do lar um lugar especial para os moradores e para seus convidados.

Uma caseirice pode ser um improviso esperto, que transforma um acessório de cozinha numa peça de decoração. Ou um jeito criativo – e sustentável! – de reaproveitar um vidrinho de conserva. É a mistura de estilos que vira um estilo muito próprio, o carinho do feito à mão, a frescura divertida, sem afetação.

A caseirice pode ter utilidades muito práticas, como a forminha de papel que protege a bebida dos insetos ou o seixo que segura a toalha no lugar. E também pode ter a única e exclusiva função de ser bonita. Para que serve um enfeite no encosto da cadeira? Para enfeitar, ora bolas! Precisa de mais?

Escolha suas caseirices preferidas, reproduza em casa, invente outras e deixe a vida mais gostosa!

Para uma mesa de
verão com clima praiano,
use conchas como
saleiro e pimenteiro

{1} Seixos amarrados com sisal e presos com pregador evitam que a toalha saia voando na mesa ao ar livre **{2}** O limão-siciliano segura o guardanapo e faz a marcação do lugar na mesa **{3}** Para o dia nascer feliz: estrelas de manteiga feitas com cortadores de biscoito – com o laticínio bem gelado, a tarefa fica mais fácil

{1} A gaze não é só para enfeitar: ela evita que as sementinhas do limão caiam no prato {2} Forminhas de cupcake coloridas com um furo para a passagem do canudo mantêm os refrescos protegidos dos insetos na festa ao ar livre {3} Luminária esperta: os furinhos do ralador deixam a luz passar na medida certa {4} Placement diferente: um copo grande faz o papel de cúpula para o vasinho com musgo

A salada de frutas fica mais apetitosa servida em casquinhas de sorvete

Prata e rosa: quem diria que a lata de molho de tomate casaria tão bem com um buquê de cravos?

{1} Design assinado? Não! São copos cobertos por balões. Corte o bico da bexiga, "vista" o copo e pressione a borda para dentro para passar a flor {2} O castiçal improvisado num funil já vem com uma caixinha de fósforos acoplada {3} Que amor! Dá um certo trabalho, mas a fofurice da melancia cortada em formato de coração compensa o esforço

{1} O cordão de bolas pode virar um caminho de mesa iluminado. A ideia funciona melhor se o móvel tiver a cabeceira encostada na parede **{2}** Um furinho aqui, outro ali e pronto: os minipotes de geleia voltam à mesa como saleiro e pimenteiro **{3}** Em barbantes, com algumas miçangas, forminhas decoradas para cupcake viram alegres substitutos para bandeirinhas **{4}** Dentro de lanternas de ferro, as luzinhas de Natal criam um bonito efeito luminoso – e podem ser usadas o ano inteiro

Taças, bowls e até funil de vidro funcionam como redoma. Além de proteger do pó, as cúpulas improvisadas dão destaque a peças pequeninas

Edmonde Charles-Roux
COSACNAIFY

Dos sacos de batata para as grandes festas: a juta pode ser muito elegante, como neste arranjo com perpétuas e mosquitinhos

{1} Com estêncil e tinta para tecido, o retalho de juta se torna a atração da mesa {2} Anel de guardanapo feito com botões é sucesso na certa. Misture cores e formas e crie o seu {3} Folhas verdes (como xanadu, antúrio e avenca) em vasos e copos transparentes: eis um arranjo tão simples quanto elegante

{1} Cortadores metálicos de biscoito em formatos diversos são incríveis como anéis de guardanapo {2} Quer ganhar uma louça nova? Use fitas adesivas do tipo washi tape para mudar o visual de velhas peças {3} O mesmo tipo de fita também prende a colher e incrementa o cafezinho {4} Multifunções: o prendedor de roupa personalizado segura o guardanapo e o galhinho de alecrim

Espetadas com alfinetes em miniperas, as folhas secas de fícus marcam os lugares e deixam a mesa especial

Paulo
Alice

Rendas de papel protegem e adicionam uma dose de capricho às casquinhas de sorvete, usadas aqui para servir nozes e outros petiscos secos

{1} Retalhos de renda esticadinhos em bastidores de madeira, presos por fita, formam um móbile que é todo delicadeza **{2}** O varal com minibandeiras pode ser pendurado na cadeira para marcar o lugar ou simplesmente ser deixado sobre o prato **{3}** O saquinho de papel pardo se transforma numa embalagem cheia de bossa com a ajuda de uma renda de papel e um laço **{4}** Minibexigas no palito para decorar o bolo: tão fofo que dá até vontade de apertar

{1} Solução para a dúvida que assola as mesas de tira-gosto: um limão bem sinalizado recebe os palitos usados **{2}** Em vez de usar um prato com pé, sirva petiscos num bowl com 16 patas! Você pode fazer esse suporte com bichos comprados em lojas de brinquedo **{3}** Olhos gregos à venda em lojas de miçangas decoram palitos e viram mimos da sorte para os convidados **{4}** Xícaras, bowls e potes com água, flores e suculentas compõem um centro de mesa surpreendente

Imprima imagens de borboleta, recorte e cole num galho. Cubra com uma cúpula e aguarde os elogios pela decoração!

MANUAL DO ANFITRIÃO

DOS PREPARATIVOS AO PÓS-FESTA, COM O MÍNIMO DE STRESS

Sabe aquele depoimento dos artistas que confessam sentir um frio na barriga ao entrar no palco, por mais veteranos que sejam? Pois com o anfitrião também funciona assim. Até quem abre a casa semana sim, semana não tem um momento de ansiedade e passa por aqueles minutos de tensão antes de o primeiro convidado chegar. Faz parte, e um pouco de emoção até cai bem.

Só não pode ser um sofrimento. Festa boa tem de ser prazerosa desde a fase dos preparativos. Com planejamento, criatividade e um ombro amigo – não hesite em pedir ajuda quando a coisa apertar! – o anfitrião consegue curtir a festa ou o encontro tanto quanto os convidados.

O CONVITE

- Então, você se animou a fazer uma festança em casa. Quem é o primeiro nome da lista de convidados? Pode ser seu melhor amigo, a prima, a mãe, não importa. Mas tem de ser aquela pessoa ponta-firme, que vai ajudar você a pensar no resto da lista, participar dos preparativos e dar aquela tranquilizada na hora que bater a síndrome do não-vai-vir-ninguém.
- Convite de papel ainda se usa? Sim, e pode ter o maior charme. Mas a convocação para a festa também pode ser só por via digital (whatsapp ou email). Para casamentos, entretanto, o convite impresso continua imprescindível e deve chegar com dois ou três meses de antecedência. Em todos os casos, não deixe de enviar um "save the date" para as pessoas se programarem (em papel, com cinco meses de antecedência para casamentos; online, com um mês de antecedência, para as demais festas).
- Atenção ao horário do convite: se o início é 20h ou 21h, subentende-se que será servido um jantar. Se a ideia for servir só drinques e petiscos, marque a balada para depois das 22h.
- A festa promete ser daquelas que vai virar a madrugada na maior animação? Medida educada e que evita rusgas: convide o(s) vizinho(s)! Se o perfil da comemoração não tiver nada a ver com o morador ao lado, não precisa forçar a barra. Um recado simpático, com um pedido antecipado de desculpas pelo barulho extra (um chocolatinho também cai bem), é dessas gentilezas que tornam a convivência mais agradável.

CARDÁPIO E BEBIDAS

- Não adianta reclamar que o mundo está chato, que ninguém mais come nada, que no seu tempo não era assim. Vai oferecer um jantar? Há que se respeitar as dietas, gostos e até posições político-gastronômicas dos convidados. Na hora do convite, já pergunte se alguém tem alguma restrição alimentar.
- Se o jantar for para um grupinho seleto, dá para pensar em porções finalizadas uma a uma. Mas se o plano é ter a mesa cheia de gente, o mais tranquilo é apostar em receitas no estilo prato único. Preparações que vão do forno direto para a mesa (bacalhoada, um belo assado com legumes) e cozidos substanciosos (cassoulet, picadinho, curry de frango) são algumas opções.

• Adiante-se: a torta pode ser assada antes e aquecida no dia, assim como o molho da massa e várias outras preparações. O que puder ser feito com antecedência, sem prejuízo do sabor, deve ser feito.

• A duração e o tipo do evento, o local, a estação do ano, tudo isso influencia na quantidade de bebidas. Num churrasco, três latas de cerveja por pessoa são uma boa medida. Já numa festa em que vão ser servidos outros tipos de bebida, duas latas por cabeça podem ser suficientes. Uma garrafa de vinho para quatro pessoas é um cálculo que costuma funcionar em várias situações. E não se esqueça da água: 500 ml por convidado não deixam ninguém passar sede.

• Gelo é um item essencial na festa. Para cada 20 pessoas, 5 kg costumam bastar. Mas num churrasco no verão convém mudar essa proporção para 5 kg para 10 pessoas.

DECORAÇÃO

• Não sabe por onde começar a decoração? Comece definindo uma paleta de cores. Assim, você não corre o risco de se perder nas escolhas e garante um resultado harmônico. É bom lembrar que a paleta não precisa ser um degradê da mesma cor. Misturar cores quentes com frias ou mesmo combinações ousadas, como verde com roxo, podem render um décor lindo. Para definir a paleta, um bom truque é usar como referência uma mistura que você tenha visto e gostado num vestido ou num quadro, por exemplo.

• Algumas espécies de flor são como frutas: você tem de comprar com dois ou até três dias de antecedência para garantir que elas estejam "no ponto" no dia da festa, abertas e bem vistosas. Informe o vendedor quando será o evento para que ele lhe oriente. Falando em frutas, elas também podem ser usadas em arranjos, assim como pimentas e ervas. Minilegumes são ótimos para centros de mesa.

• Uma iluminação bem pensada é fundamental para deixar a sala de todo dia com cara de festa. Apague as lâmpadas do teto e invista nas luzes indiretas. Luminárias de leitura, principalmente as flexíveis, são perfeitas para criar focos de luz só onde interessa. Velas também são um recurso certeiro para criar um clima aconchegante.

• Não tem taças iguais? Os jogos de jantar são para seis e os convidados são 12? Não tem problema nenhum. Uma mistura harmoniosa de peças enche a mesa de personalidade.

• Dê novas funções aos móveis no dia da festa: a estante de livros pode acomodar arranjos de flores e aperitivos. Aproveite para guardar num lugar bem seguro o porta-joias de porcelana da falecida avó, a lembrancinha de viagem de lua-de-mel e qualquer peça de valor sentimental que partiria seu coração se fosse quebrada.
• Fitas adesivas do tipo washi tape, barbantes coloridos, grelots e carimbos são itens que conseguem acrescentar um charme instantâneo às produções, com pouco esforço. Mantenha uma caixinha com essas miudezas por perto.
• O lavabo pede um cuidado especial. Além dos itens básicos, você pode equipar o local com um kit de conveniência para os convidados: fio dental, remédio para dor de cabeça, absorvente e enxaguante bucal são muito úteis. Não se esqueça também das flores!

SERVIÇO

• Não se iluda achando que os convidados vão usar o mesmo copo a noite inteira. Se a lista tem 30 convidados, é preciso providenciar pelo menos 10 peças a mais de cada item (copos, pratos e talheres). Se não tiver a quantidade suficiente em casa, as lojas de aluguel de festa resolvem o problema.
• Contratar uma copeira para o dia da festa pode sair mais em conta do que você imagina. E a comodidade de não ter de ficar para lá e para cá carregando louças sujas e esvaziando o lixo compensa – e muito – o investimento.
• Caso não ache necessário uma copeira durante o evento, não deixe de agendar uma faxineira para o dia seguinte. Ninguém merece encarar o pós-festa sozinho e de ressaca!

KIT RECEBER COM CHARME

NÃO É PRECISO TER ACESSÓRIOS CAROS OU UM IMENSO JOGO DE BAIXELAS. COM ESSES ITENS BÁSICOS, VOCÊ INCREMENTA A MESA E A CASA, SEM COMPLICAÇÃO

FITAS

Elas embrulham para presente e dão ares de festa por onde passam. Podem amarrar o guardanapo, pendurar bibelôs ou simplesmente ser usadas como marcador de taça, para citar só algumas utilidades.

GUARDANAPOS

Sempre há um jeito diferente de dispor os guardanapos na mesa. Uma maneira charmosa de dobrar o tecido (com uma florzinha encaixada, que tal?) ou um prendedor criativo fazem a maior vista. Brancos de linho são um clássico, mas também vale investir em guardanapos coloridos. Até as opções de papel, com estampas, podem ser bem bacanas para eventos mais descontraídos.

FORMINHAS

Além da função original na cozinha, forminhas (especialmente as caneladas) têm potencial para vários outros papéis: porta-velas, porta-copos, moldura de fotos e por aí vai.

VELAS

Pode ser um jantar formal ou um encontro da turminha mais íntima, com almofadas no chão: velas sempre deixam o ambiente mais aconchegante. Tenha essas aliadas, em vários tamanhos, para compor de centros de mesa à iluminação do jardim.

ESPECIARIAS

Canela em pau e anis-estrelado podem soltar seus aromas na decoração também. Decoram arranjos, velas, compõem sachês... A canela em rama ainda vira um mexedor aromático para o cafezinho.

POTES

Esses são uma paixão para quem gosta de fazer caseirices: porta-talheres, lanternas, vasos, a lista não tem fim.

SEIXOS

Com uma textura deliciosa, seixos rolados têm vários motivos para ir à mesa. Alguns deles: segurar o guardanapo, marcar o lugar do convidado e compor elegantes centros de mesa com um toque natural.

TESOURA

Com tesouras com cortes diferentes (com efeito ondulado, zigue-zague e outros), você consegue dar rapidamente um acabamento diferenciado para o menu do dia, o convite ou etiquetas em geral.

RETALHOS

Uma tirinha de retalho amarrando os talheres já deixa a mesa com outra cara. Cobrir tampas de pote, envolver garrafas usadas como vasos, embrulhar o pão do couvert são outras sugestões para aquele corte de pano que está dando sopa.

LOUÇAS BRANCAS

É o pretinho básico da mesa. Faltaram peças no jogo de festa? A branquinha entra em cena e, misturada às outras, forma um novo jogo, para um número maior de convidados. Combina com tudo.

RECEITAS

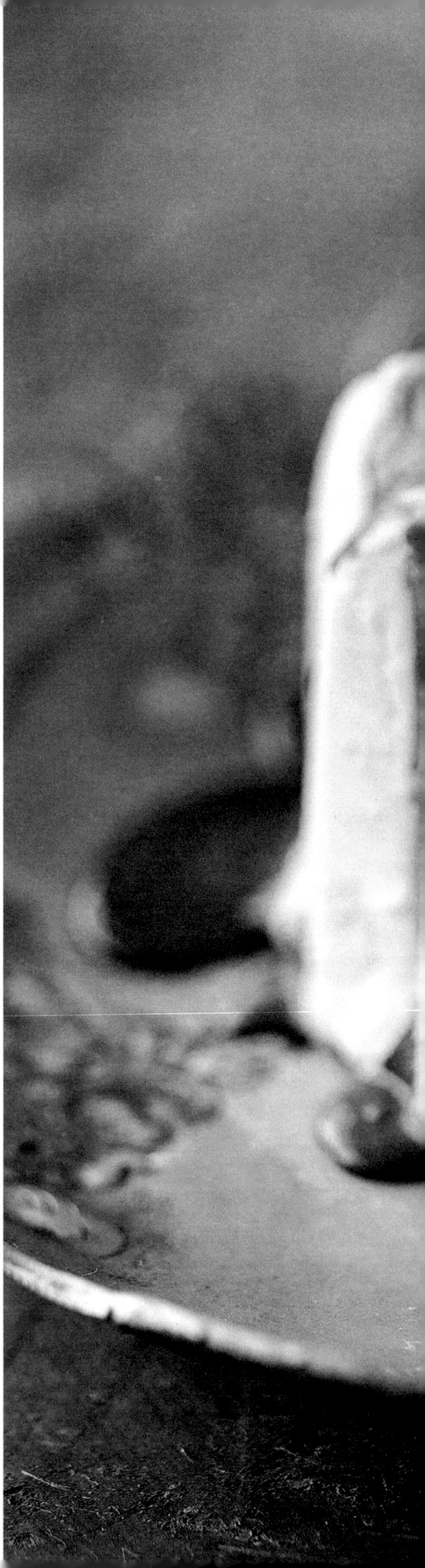

CAFÉ DA MANHÃ, CHÁ E LANCHE

PÁG. 19

BOLINHO DE CHUVA

(Receita de Lucy de Andrade Machado, da Fazenda Capoava)

RENDIMENTO *Cerca de 10 a 15 bolinhos, dependendo do tamanho*
TEMPO DE PREPARO *30 min*

INGREDIENTES

- 1 xícara de farinha de trigo;
- 1 ovo;
- 1 pitada de sal;
- açúcar a gosto;
- 1 colher (sobremesa) de fermento em pó;
- leite o quanto baste;
- óleo para fritar;
- canela em pó para finalizar.

MODO DE FAZER

1 Misture a farinha, o ovo, o sal, o açúcar e o fermento e vá acrescentando o leite aos poucos, até formar uma massa pegajosa.
2 Em uma panela pequena, com óleo até a metade, frite os bolinhos de quatro em quatro, pingando a massa com ajuda de uma colher de chá.
3 Retire os bolinhos com uma escumadeira e escorra em papel-toalha.
4 Sirva os bolinhos polvilhados com uma mistura de açúcar e canela.

DICAS DA CHEF

- *O óleo não deve ser muito quente, para que os bolinhos não queimem por fora e fiquem crus por dentro.*
- *Se esquentar demais, tire um pouco a panela do fogo e depois continue a fritura.*

PÁG. 57

BLINIS COM CREME AZEDO, SALMÃO GRAVLAX E CAVIAR

(Receita de Juliano Cordeiro, do Buffet Zest Cozinha Criativa)

RENDIMENTO *15-20 blinis*
TEMPO DE PREPARO *20 min*

INGREDIENTES

MASSA

- ½ xícara de farinha de trigo;
- ¼ de colher (chá) de sal;
- 1 colher (sopa) de fermento em pó;
- 1 ovo;
- 3 colheres (sopa) de leite integral;
- 1 colher (chá) de ervas picadas (cebolinha, tomilho, salsinha, dill);
- 1 colher (sopa) de óleo.

PARA SERVIR

- salmão defumado;
- caviar;
- creme azedo*.

Para uma versão caseira de creme azedo, tempere 1½ xícara de cream cheese com 1 colher (sopa) de suco de limão, 1 colher (chá) de raspas de limão, 1 colher (sopa) de dill picado, mais sal e pimenta-do-reino a gosto.

MODO DE FAZER

1 Peneire a farinha, juntamente com o sal e o fermento sobre uma tigela. Faça um buraco no centro e adicione o ovo e o leite. Misture gradualmente até obter uma consistência homogênea.
2 Junte as ervas picadas e misture. Aqueça uma frigideira antiaderente em fogo médio e pincele com óleo.
3 Utilize uma bisnaga (daquelas de maionese ou ketchup) para fazer pequenas rodelas de massa na frigideira.
4 Cozinhe os blinis até formarem pequenas bolhas e ficarem dourados (cerca de 3 minutos). Vire com uma espátula e doure o outro lado por mais 2 minutos. Sirva em temperatura ambiente, com o creme azedo, caviar e salmão defumado.

PÁG. 50

BOLO DE IOGURTE E CANELA

(Receita de Heloisa Bacellar, do Lá da Venda)

RENDIMENTO *6 porções*
TEMPO DE PREPARO *1 h*

INGREDIENTES

- manteiga para untar e farinha para polvilhar;
- ¾ de xícara de iogurte;
- ¾ de xícara de óleo;
- 4 ovos;
- 2 xícaras de açúcar;
- 2 xícaras de farinha de trigo;
- 1 colher (sopa) de fermento em pó;
- 1 colher (chá) de canela em pó;
- 1 colher (sopa) de essência de baunilha;
- açúcar e canela para polvilhar.

MODO DE FAZER

1 Aqueça o forno a 200°C (médio-alto). Unte com manteiga e polvilhe com farinha uma assadeira média.

2 Coloque o iogurte, o óleo, os ovos, o açúcar, a farinha, o fermento, a canela e a baunilha no liquidificador e bata até obter uma massa lisa. Despeje a massa na assadeira, leve ao forno e asse o bolo por uns 30 minutos, até que esteja dourado, crescido, soltando das laterais e firme (enfiando um palito no centro, ele deve sair limpo).

3 Retire do forno e coloque o bolo sobre uma grelha para amornar por uns 30 minutos. Polvilhe o bolo com açúcar e canela e sirva.

PÁG. 48

PÃO DE MANDIOCA

(Receita de Heloisa Bacellar, do Lá da Venda)

RENDIMENTO *6 porções*
TEMPO DE PREPARO *2 h + o tempo de de descanso da massa*

INGREDIENTES

- 250 g de mandioca sem casca;
- 1 envelope de fermento biológico seco;
- ¼ de xícara de açúcar;
- 4 xícaras de farinha de trigo (aproximadamente);
- 1 ovo;
- ¼ de xícara de óleo;
- 2 colheres (chá) de sal;
- manteiga para untar;
- 1 gema para pincelar.

MODO DE FAZER

1 Coloque a mandioca e cerca de 1 litro de água numa panela, aqueça e mantenha no fogo por 40 minutos ou até que a mandioca esteja muito macia. Retire do fogo e transfira a mandioca e 1 xícara da água do cozimento para o liquidificador ou processador (descarte os fios duros). Bata até conseguir um creme liso e passe para uma tigela média (você deverá conseguir 2 xícaras de purê de mandioca).

2 Assim que a mandioca amornar, junte o fermento e o açúcar, misture até dissolver, junte 1 xícara de farinha, misture e deixe repousar por uns 15 minutos, ou até surgirem bolhas. Então, adicione o ovo, o óleo e o sal e vá acrescentando a farinha aos pouquinhos, trabalhando a mistura até obter uma massa macia, que descole das mãos. Cubra com um pano limpo e deixe descansar por 1 hora ou até dobrar de volume.

3 Unte com manteiga e polvilhe com farinha uma fôrma grande para bolo inglês e reserve.

4 Transfira a massa para uma superfície com farinha e acrescente mais um pouco de farinha se estiver muito pegajosa – mas sem exagerar, pois ela deverá continuar bem macia. Coloque a massa na fôrma, pincele a superfície com a gema diluída em 2 colheres (sopa) de água e deixe repousar por mais 1 hora, coberta por um pano, até dobrar de volume.

5 Quando faltarem 15 minutos para completar o tempo, aqueça o forno a 200°C (médio-alto). Asse o pão por uns 40 minutos, até que esteja bem crescido e dourado. Deixe amornar por uns 10 minutos antes de fatiar.

PÁG. 141

MINISSANDUÍCHE COM CARNE DE PANELA DESFIADA

(Receita de Oghan Teixeira e Paulo Neves, da Ghee Banqueteria)

RENDIMENTO *16 porções*
TEMPO DE PREPARO *2 h*

INGREDIENTES

- 300 g de coxão mole;
- 40 ml de cachaça;
- ½ cebola;
- 1 dente de alho;
- 1 colher (sopa) de salsinha;
- 1 folha de louro;
- 3 g de noz-moscada;
- 1 litro de água;
- 3 colheres (sopa) de óleo de girassol;
- 1 colher (sobremesa) de farinha de trigo;
- 3 colheres (sopa) de azeitona verde picada;
- sal e pimenta-do-reino branca a gosto;
- 16 minipãezinhos tipo caseirinho ou roseta.

MODO DE FAZER

1. Deixe a carne marinar com a cachaça e todos os temperos por 1 hora.
2. Retire a carne da marinada e sele em uma panela com o óleo até dourar todos os lados. Em seguida, adicione a marinada e a água.
3. Cozinhe em fogo baixo por 1 hora ou até a carne ficar macia. Desfie ainda quente e coloque a carne de volta no molho. Adicione a farinha de trigo e, por último, a azeitona. Misture bem e deixe apurar um pouco. Prove o tempero.
4. Retire a folha de louro, recheie os pãezinhos e sirva.

PÁG. 56

PANQUECA DE BUTTERMILK*

(Receita de Juliano Cordeiro, do Buffet Zest Cozinha Criativa)

RENDIMENTO *8-10 panquecas*
TEMPO DE PREPARO *2 min*

INGREDIENTES

- 1 colher (sopa) de suco de limão;
- 1 xícara de leite integral;
- 1 xícara de farinha de trigo;
- 2 colheres (sopa) de açúcar;
- 1 colher (sopa) de fermento em pó;
- 1 colher (sopa) de manteiga derretida;
- 1 ovo.

MODO DE FAZER

1. Para fazer o buttermilk, misture o suco de limão com o leite e reserve por 10-12 minutos. O suco de limão vai talhar o leite e deixá-lo com uma consistência mais espessa.
2. Junte os ingredientes secos, exceto o fermento. Em uma tigela à parte, misture a manteiga derretida, o ovo e o buttermilk.
3. Adicione os ingredientes líquidos aos ingredientes secos, mexendo levemente com o batedor de arame ou uma colher.
4. Acrescente o fermento em pó e mexa bem. Aqueça uma frigideira antiaderente untada com manteiga e despeje uma porção da massa usando uma concha pequena (do tipo usado em molheiras).
5. Cozinhe de um lado até começar a formar bolhas de ar, que indicam que a massa já está cozida. Então, vire a panqueca com a ajuda de uma espátula. A panqueca deve estar dourada. Grelhe o outro lado por 1-3 minutos. Sirva acompanhada de manteiga, geleias ou maple syrup (xarope de bordo, típico do Canadá).

Feito a partir da fermentação do leite, com consistência de iogurte ralo, o buttermilk é muito usado em preparações da culinária norte-americana. Como é difícil de ser encontrado por aqui, você pode preparar a versão indicada pelo chef Juliano Cordeiro nesta receita.

PÁG. 57

CALDA DE CARAMELO TOFFEE

(Receita de Juliano Cordeiro, do Buffet Zest Cozinha Criativa)

RENDIMENTO *500 ml*
TEMPO DE PREPARO *15 min*

INGREDIENTES

- ½ fava de baunilha;
- ¾ de xícara de creme de leite fresco;
- 1 xícara de açúcar;
- 1 xícara de água;
- 2 colheres (sopa) de glucose.

MODO DE FAZER

1 Raspe as sementes de baunilha no creme de leite e aqueça-o em fogo baixo, com a fava raspada.

2 Em outra panela, coloque o açúcar, a água e a glucose e leve ao fogo médio.

3 Quando o açúcar derreter e começar a ficar dourado, reduza o fogo e despeje (com muito cuidado para não se queimar) o creme de leite aquecido nesse caramelo.

4 Misture vigorosamente com um fouet até homogeneizar. A calda deve ficar densa e cremosa, mesmo quente. Reserve e deixe resfriar antes de servir. Se quiser uma consistência mais fina, sirva-a levemente aquecida.

PÁG. 55

BRIOCHES COM RECHEIO DE CREME DE BRIE

(Receita de Flavia e Taissa Calixto, do Dedo de Moça Buffet & Bakery)

RENDIMENTO *10 brioches médios*
TEMPO DE PREPARO *1 h 30 min + o tempo de descanso da massa*

INGREDIENTES

BRIOCHE

- 60 ml de leite integral;
- 10 g de açúcar;
- 15 g de fermento biológico;
- 5 ovos;
- 460 g de farinha de trigo (divididos em 110 g + 350 g);
- 15 g de sal;
- 120 g de manteiga derretida;
- manteiga para untar;
- 1 colher (sopa) de água.

CREME DE BRIE

- 250 g de queijo brie, com casca, bem picado;
- 100 ml de creme de leite fresco;
- 1 ramo de tomilho, se desejar.

MODO DE FAZER

BRIOCHE

1 Junte o leite e o açúcar e aqueça a 32°C. Misture bem e acrescente o fermento.

2 Adicione 1 ovo e 110 g de farinha misturada com o sal. Incorpore tudo com uma colher de pau até a mistura ficar macia.

3 Ponha devagar mais 3 ovos, os 350 g de farinha restantes e a manteiga derretida. Bata a massa à mão até ficar macia, ligeiramente brilhante e morna.

4 Coloque a massa numa vasilha untada com manteiga, cubra com um pano úmido e deixe em um local morno até dobrar de volume (cerca de 45 minutos). Enquanto isso, unte com manteiga dez fôrmas caneladas para brioche.

5 Dê um soco na massa e separe-a em dez partes. Tire cerca de ¼ de cada pedaço de massa e faça bolinhas.

6 Coloque as bolinhas maiores nas fôrmas untadas, faça uma depressão no centro e encaixe a bolinha pequena. Cubra tudo com um pano e deixe descansar por mais 30 minutos ou até dobrar de volume novamente.

7 Bata o último ovo com a água e pincele cada um dos brioches. Leve ao forno preaquecido a 220°C até dourar.

8 Deixe os brioches esfriarem e descansarem por pelo menos 6 horas.

CREME DE BRIE

1 Coloque todos os ingredientes em uma panela e leve ao fogo baixo. Misture até derreter. Se necessário, acrescente mais creme de leite.

MONTAGEM

1 Com uma faca afiada, retire a bolinha de cima dos brioches, reserve e faça um buraco no centro dos pães. Recheie com o creme de queijo quente, cubra com a bolinha e sirva.

PÁG. 11

PÃO DE ERVAS

(Receita de Adriana Haddad, da Ovos Quebrados)

RENDIMENTO *Cerca de 10 fatias*
TEMPO DE PREPARO *1 h*

INGREDIENTES

- manteiga para untar e farinha de trigo para polvilhar;
- 1½ xícara de farinha de trigo;
- ½ colher (chá) de sal;
- 1 colher (sopa) de fermento em pó;
- pimenta-do-reino (opcional);
- 3 ovos;
- ½ xícara de leite;
- ½ xícara de óleo;
- ½ xícara de queijo parmesão ralado;
- 1 xícara de ervas frescas picadinhas (pode ser uma combinação de salsinha, cebolinha, manjericão, alecrim e tomilho ou um tipo só de erva aromática. Mas sempre fresca).

MODO DE FAZER

1 Preaqueça o forno a 180°C. Unte uma fôrma para bolo inglês.

2 Em uma tigela, misture com uma colher a farinha, o sal, o fermento e pimenta-do-reino a gosto.

3 Em outra tigela, misture com uma colher os ovos, o leite, o óleo e o queijo parmesão ralado.

4 Junte as duas misturas até incorporar tudo. Acrescente as ervas frescas.

5 Asse por cerca de 45 minutos ou até dourar. Espere esfriar um pouco para desenformar. Se começar a dourar muito rápido, cubra com papel-alumínio.

PÁG. 51

BROINHAS FOFAS DE FUBÁ

(Receita de Heloisa Bacellar, do Lá da Venda)

RENDIMENTO *20 unidades*
TEMPO DE PREPARO *1 h*

INGREDIENTES

MASSA

- 1 xícara de fubá mimoso;
- ¾ de xícara de polvilho doce;
- 1¾ de xícara de água;
- ¼ de xícara de óleo;
- ½ xícara de açúcar;
- 1 colher (chá) de sal;
- 1 colher (chá) de sementes de erva-doce;
- 2 ovos grandes (ou 3 pequenos);
- 1 colher (chá) de fermento em pó;
- manteiga para untar e fubá para polvilhar.

MODO DE FAZER

1 Misture o fubá e o polvilho numa tigela e reserve.

2 Numa panela média, misture a água, o óleo, o açúcar, o sal e a erva-doce e aqueça. Quando ferver, junte a mistura de farinha e polvilho de uma vez e, com um batedor de arame, mexa bem rápido, até a massa se transformar numa bola lisa, que se solte da panela.

3 Retire do fogo, transfira a massa para a tigela da batedeira e deixe amornar por uns 10 minutos. Ligue a batedeira, junte 1 ovo e depois o outro e, por fim, acrescente o fermento (a massa ficará meio grudenta).

4 Aqueça o forno a 200°C (médio-alto) e unte com manteiga uma assadeira grande.

5 Unte com manteiga e polvilhe com fubá uma xícara de chá. Pegue porções de massa com a ajuda de uma colher de sopa, coloque a massa na xícara e balance-a para moldar as broinhas. Elas vão ficando arredondadas conforme vão batendo nas laterais da xícara (não ficarão perfeitas, não se preocupe).

6 Coloque as bolinhas prontas na assadeira, deixando um espaço livre entre elas, e asse as broinhas por uns 25 minutos, até que estejam crescidas, sequinhas e douradas por fora.

PÁG. 45

PÃO DE QUEIJO

(Receita de Vanilce Barbosa, da Pousada Pequena Tiradentes)

RENDIMENTO *Cerca de 50 pãezinhos*
TEMPO DE PREPARO *50 min*

INGREDIENTES

- 1 kg de polvilho azedo;
- 4 ovos;
- 1 copo de óleo;
- 1 colher (sopa) de sal;
- 4 batatas grandes e cozidas;
- 1 copo de leite;
- 1 kg de queijo da Serra da Canastra ralado (ou outro queijo de minas meia cura).

MODO DE FAZER

1. Despeje o polvilho numa bacia e reserve.
2. No liquidificador, bata os ovos com o óleo e o sal por cerca de 5 minutos. Despeje essa mistura sobre o polvilho e misture bastante com as mãos, até o polvilho ficar bem soltinho (primeiro, a massa vai ficar molhada e grudenta, depois, vai ficar soltinha).
3. Bata a batata cozida com o leite no liquidificador até virar um purê. Acrescente esse purê à massa de polvilho, misture bem, acrescente o queijo ralado e incorpore todos os ingredientes.
4. Faça bolinhas com a massa, acomode-as numa assadeira (não é preciso untar) espaçadamente, pois elas crescem bem, e leve para assar no forno preaquecido a 180°C por 15-20 minutos.

PÁG. 70

PIGPIE DE FRANGO

(Receita de Milena Addad e Magloni Franco, do Buffet Addad Franco)

RENDIMENTO *30 unidades*
TEMPO DE PREPARO *1 h 25 min*

INGREDIENTES

MASSA

- 3 xícaras de farinha de trigo;
- 1 colher de sal;
- 1 xícara de manteiga em temperatura ambiente;
- 1 colher (sopa) de banha;
- cerca de ½ xícara de água
- 1 gema batida com 1 colher (sopa) de óleo, para pincelar;
- grãos de coentro e sementes de cominho para a decoração.

RECHEIO

- 1 cebola ralada;
- ½ xícara de óleo;
- 3 dentes de alho amassados;
- 500 g de peito de frango desfiado;
- 2 tomates sem pele, picados;
- 1 folha de louro;
- ½ xícara de salsinha picada;
- ½ xícara de requeijão.

MODO DE FAZER

1. Faça a massa. Numa vasilha, misture a farinha e o sal. Acrescente a manteiga e a banha. Com um garfo, faça uma farofa.
2. Junte ½ xícara de água e misture rapidamente. Adicione mais um pouco de água até formar uma bola de massa firme. Embrulhe em plástico e leve à geladeira por, no mínimo, 1 hora.
3. Faça o recheio. Em uma frigideira, refogue a cebola no óleo até murchar. Acrescente o alho, o frango, o tomate e o louro. Cozinhe por 10 minutos ou até o líquido secar. Retire o louro, junte a salsinha e o requeijão e misture bem.
4. Abra a massa numa superfície polvilhada com farinha. Forre forminhas de alumínio com a massa e adicione o recheio. Tampe com massa e use mais massa para fazer as orelhas e o focinho dos porquinhos. Pincele com a gema batida com óleo e leve ao forno preaquecido a 200°C por 20 minutos.
5. Use grãos de coentro para fazer os olhos e sementes de cominho para finalizar o focinho dos porquinhos.

PÁG. 51

RICOTA FRESCA CREMOSA

(Receita de Heloisa Bacellar, do Lá da Venda)

RENDIMENTO *6 porções*
TEMPO DE PREPARO *1 h 15 min*

INGREDIENTES

- 1 litro de leite integral;
- 6 colheres (sopa) de vinagre de vinho branco;
- 1 colher (chá) de sal.

MODO DE FAZER

1. Coloque o leite numa panela média e aqueça. Quando surgirem bolhinhas nas laterais, antes de ferver, retire do fogo e junte o vinagre. Misture por uns 30 segundos, acrescente o sal, mexa por mais 30 segundos, cubra com um pano limpo e deixe repousar em temperatura ambiente por 30 minutos (o leite coalha e se separa do soro quase imediatamente).
2. Forre uma peneira grande com um pano limpo e nela coloque o leite coalhado. Deixe escorrer por 30 minutos, sem apertar, até ficar com uma consistência cremosa. Transfira a ricota para uma tigela, cubra com filme plástico e guarde por até 3 dias na geladeira.

PÁG. 45

GELEIA DE MELANCIA

(Receita de Vanilce Barbosa, da Pousada Pequena Tiradentes)

RENDIMENTO *1 pote de cerca de 500 ml*
TEMPO DE PREPARO *2 h*

INGREDIENTES

- 1½ melancia cortada em pedaços, com as sementes e a parte branca;
- 3 xícaras de açúcar;
- ½ litro de água.

MODO DE FAZER

1. Coloque todos os ingredientes numa panela e deixe ferver. Cozinhe por cerca de 2 horas, em fogo bem baixinho, mexendo de vez em quando. Se quiser, adicione cravos-da-índia.

ENTRADAS E APERITIVOS

PÁG. 27

GUACAMOLE

RENDIMENTO *Serve de 6 a 10 pessoas*
TEMPO DE PREPARO *15 min*

INGREDIENTES

- 1 cebola roxa;
- 1 pimenta dedo-de-moça sem sementes (ou a gosto);
- 3 colheres (sopa) de folhas de coentro;
- 2 abacates ou 4 avocados (abacates pequenos);
- 2 colheres (chá) de sal;
- 2 colheres (sopa) de azeite de oliva extravirgem;
- suco de 2 limões espremidos na hora.

MODO DE FAZER

1. Fatie a cebola finamente e deixe de molho em água por alguns minutos.
2. Pique bem a pimenta e corte grosseiramente o coentro.
3. Amasse a polpa dos abacates com um garfo ou bata com um mixer.
4. Acrescente a cebola escorrida e os outros ingredientes ao creme de abacate e misture bem com uma colher.
5. Sirva com chips de tortilha.

PÁG. 96

CALDINHO DE FEIJÃO COM CROCANTE DE PARMA

(Receita de Paula Labaki, do Lena Labaki Catering)

RENDIMENTO *12 copinhos*
TEMPO DE PREPARO *1 h 20 min*

INGREDIENTES

CROCANTE DE PARMA

- 200 g de presunto de Parma fatiado.

CALDINHO DE FEIJÃO

- 300 g de feijão-carioca;
- 100 g de linguiça de lombo defumada, cortada em fatias;
- 2 dentes de alho picados finamente;
- azeite de oliva;
- 1 cebola picada;
- 1 pimenta dedo-de-moça sem sementes, picada miudinho;
- 1 talo de erva-doce picado finamente;
- 1 talo de salsão picado finamente;
- sal e pimenta-do-reino a gosto.

MODO DE FAZER

CROCANTE DE PARMA

1. Coloque as fatias de presunto em uma assadeira e leve ao forno a 160°C, até que fiquem sequinhas e crocantes. Triture as fatias com as mãos.

CALDINHO

1. Coloque o feijão, a linguiça e o alho numa panela de pressão, cubra com água (quatro dedos acima do feijão) e cozinhe por cerca de 30 minutos ou até que os grãos fiquem bem macios.
2. Bata o feijão no processador, juntamente com o caldo e a linguiça, até ficar bem liso.
3. Refogue todos os outros ingredientes no azeite, adicione o caldo batido e acerte o sal e a pimenta. Deixe apurando por pelo menos 15 minutos, tomando cuidado para não deixar queimar no fundo.
4. Sirva o caldinho em copinhos, com o crocante de Parma por cima.

PÁG. 21

PACOTINHOS DE FOLHA DE ARROZ COM LEGUMES

(Receita de Neka Menna Barreto, da Neka Gastronomia)

RENDIMENTO *16 pacotinhos*
TEMPO DE PREPARO *25 min*

INGREDIENTES

PACOTINHOS

- 50 g de pepino japonês;
- 50 g de cebolinha picada;
- 50 g de cenoura;
- 50 g de shimeji;
- 50 g de broto de feijão;
- 40 g de abobrinha;
- 40 g de pupunha;
- 16 folhas de arroz;
- 20 g de hortelã;
- 15 g de coentro fresco;
- 15 g de manjericão;
- 1 colher (sopa) de gengibre bem picado;
- 3 folhas de alface-americana.

MOLHO DE GENGIBRE

- 1½ xícara de shoyu;
- 1 colher (sopa) cheia de pimenta fresca bem picada;
- 1½ colher (sopa) de gengibre bem picado;
- 2 colheres (sopa) de ciboulette picadinha;
- ½ xícara de coentro picado;
- 3 gotas de óleo de gergelim torrado.

MODO DE FAZER

PACOTINHOS

1. Corte os legumes em fios finos, à julienne.
2. Coloque cada folha de arroz durante 50 segundos na água fria.
3. Para montar os pacotinhos, use uma folha de arroz úmida. A primeira camada leva um pouco das ervas frescas (hortelã, coentro e manjericão), depois um pouco de cada legume. Salpique com o gengibre e feche com um pedacinho de folha de alface. Enrole delicadamente, fechando as bordas, bem apertadinho.

MOLHO DE GENGIBRE

1. Misture todos os ingredientes e sirva sobre os pacotinhos.

PÁG. 98

COQUETEL DE CAMARÃO

(Receita de Otavio Felix, do Mais Gourmet)

RENDIMENTO *6 pessoas*
TEMPO DE PREPARO *30 min*

INGREDIENTES

- sal;
- 750 g de camarões limpos (deixe alguns com a cauda preservada, para a decoração);
- pimenta-do-reino;
- 2 colheres (sopa) de maionese;
- 2 colheres (sopa) de creme de leite fresco;
- 2 colheres (sopa) de ketchup;
- 1 colher (chá) de molho inglês;
- páprica;
- ¼ de xícara de conhaque;
- 1 pé de alface-americana finamente picada.

MODO DE FAZER

1. Leve uma panela com água e sal ao fogo. Assim que ferver, coloque os camarões e deixe por 1 minuto.
2. Escorra a água e jogue água fria nos camarões para cessar a cocção. Os camarões devem ficar firmes e rosados. Pique os camarões (menos aqueles com cauda) e tempere com sal e pimenta-do-reino a gosto.
3. Em um bowl, junte os camarões picados, a maionese, o creme de leite, o ketchup, o molho inglês, a páprica e o conhaque. Misture bem e prove.
4. Coloque um pouco de alface no fundo de seis taças ou copos, acrescente o creme de camarões e decore com dois camarões com cauda.
5. Coloque os copos em um bowl ou uma travessa com gelo.

PÁG. 141

CROQUETINHO DE MILHO COM CARNE MOÍDA

(Receita de Oghan Teixeira e Paulo Neves, da Ghee Banqueteria)

RENDIMENTO *22 unidades*
TEMPO DE PREPARO *40 min*

INGREDIENTES

- 2 dentes de alho;
- ½ cebola picada;
- 50 g de tomate picado sem sementes;
- 1 pitada de pimenta-do-reino branca;
- 1 colher (sopa) de óleo de girassol;
- 600 g de coxão mole moído;
- 100 g de milho-verde de lata, escorrido;
- 30 g de salsinha;
- 1 pitada de cominho;
- 100 ml de leite;
- 30 g de queijo parmesão ralado;
- 80 g de farinha de trigo;
- 2 ovos batidos;
- farinha de rosca para empanar;
- 500 ml de óleo para fritar.

MODO DE FAZER

1. Em uma panela, refogue o alho, a cebola, o tomate e a pimenta-do-reino branca no óleo de girassol.
2. Acrescente a carne e frite bem. Em seguida, coloque o milho, a salsinha e o cominho.
3. Depois que a carne estiver refogada, abaixe o fogo e acrescente o leite. Ferva por 5 minutos.
4. Acrescente o parmesão e a farinha de trigo e mexa bem, até que a mistura fique no ponto de enrolar, desgrudando da panela.
5. Tire do fogo e faça bolinhos em formato de croquete. Passe os croquetes no ovo batido e na farinha de rosca. Frite em óleo bem quente.

PÁG. 95

PASTEL DE RAGU DE CORDEIRO

(Receita de Paula Labaki, do Lena Labaki Catering)

RENDIMENTO *12 pastéis médios*
TEMPO DE PREPARO *1 h 40 min*

INGREDIENTES

- 600 g de carne de cordeiro cortada em cubos;
- sal, pimenta-do-reino e pimenta síria a gosto;
- azeite de oliva;
- 4 dentes de alho;
- 1 cebola finamente fatiada;
- 2 tomates sem pele e sem sementes, picados;
- 100 ml de vinho tinto;
- 500 ml (ou o quanto baste) de caldo de cordeiro ou de carne;
- cheiro-verde;
- 1 rolo de massa para pastel;
- 1 clara;
- óleo para fritar.

MODO DE FAZER

1. Tempere os cubos de cordeiro com sal, pimenta, pimenta síria, um pouco de azeite e o alho picado finamente.
2. Doure a cebola no azeite, acrescente os cubos de carne e deixe fritar bem. Acrescente o tomate e vá adicionando o vinho e o caldo aos poucos, em fogo baixo, mexendo algumas vezes, até a carne estar desmanchando. Tire do fogo e acrescente o cheiro--verde picado finamente. Deixe esfriar.
3. Quando o ragu estiver frio, espalhe porções da carne em metade da massa.
4. Bata a clara com um garfo, juntamente com 1 colher (chá) de água, e pincele as bordas da massa para "colar". Feche a massa e corte com uma carretilha.
5. Frite os pastéis em óleo quente e coloque-os sobre papel absorvente.

DICA DA CHEF

Vegetarianos podem substituir o cordeiro por palmito pupunha.

PÁG. 38

SALADA DE HARUSAME

(Receita do restaurante Hiro)

RENDIMENTO *6 porções*
TEMPO DE PREPARO *20 min*

INGREDIENTES

- 50 g de harusame (macarrão fino e transparente, que pode ser feito de arroz, batata ou um tipo de feijão-verde);
- 4 unidades de kani kama (bastonetes feitos com carne de peixe prensada, com sabor de caranguejo);
- 1 pepino japonês;
- 2 ovos;
- 1 pitada de açúcar;
- sal;
- 1 punhado de alga marinha hijiki.

MOLHO

- 100 ml de vinagre de arroz;
- 70 g de açúcar;
- 1 colher (chá) de sal;
- 1 colher (chá) de óleo de gergelim;
- 1 pitada de glutamato monossódico.

MODO DE FAZER

1. Ferva água numa panela e cozinhe o harusame seguindo as instruções da embalagem.
2. Misture todos os ingredientes do molho e aqueça numa panela, até dissolver todo o açúcar. Deixe esfriar.
3. Desfie o kani em tirinhas. Corte o pepino em tiras finas e descarte as sementes.
4. Faça uma omelete com os ovos, temperando com o açúcar e sal. Fatie finamente a omelete.
5. Misture todos os ingredientes, tempere a gosto com o molho e salpique com a alga hijiki.

PÁG. 15

SOTT'OLIO DE ABOBRINHA

(Receita da Casa Europa)

RENDIMENTO *1 kg*
TEMPO DE PREPARO *40 min + 48 h na geladeira*

INGREDIENTES

- 3,7 kg de abobrinha italiana;
- 2 colheres (sopa) de sal;
- 2 xícaras de azeite de oliva;
- 2 colheres (sopa) de cebolinha;
- 2 colheres (sopa) de salsinha;
- 3 colheres (sopa) de vinagre;
- 2 pimentas dedo-de-moça;
- 1 colher (chá) de flor de sal para finalizar.

MODO DE FAZER

1 Fatie a abobrinha finamente. Coloque em um escorredor, arrumando em camadas e salpicando sal. Deixe descansar por 24 horas na geladeira para desidratar.

2 Frite as fatias de abobrinha com 2 colheres (sopa) de azeite, não muito quente, até dourar.

3 Reserve em recipiente para esfriar e, então, acrescente todos os outros ingredientes já picados, misturando-os com o azeite restante e o vinagre. Corrija os temperos, se necessário, após provar.

4 Deixe na geladeira para curtir por 24 horas. Sirva como crostini: fatie 2 pães rústicos e junte fatias de camembert de queijo de cabra, o sott'olio, metades de tomate-cereja, azeite e flor de sal e leve ao forno.

DICA DA CHEF

O sott'olio pode ser mantido em geladeira por até 30 dias.

PÁG. 97

BOLINHO DE ARROZ COM ESPECIARIAS

(Receita de Paula Labaki, do Lena Labaki Catering)

RENDIMENTO *24 bolinhos*
TEMPO DE PREPARO *30 min*

INGREDIENTES

- 400 g de arroz cozido (de véspera, de preferência);
- pimenta síria;
- páprica doce;
- orégano;
- tomilho;
- cheiro-verde;
- mix de pimentas secas;
- sal;
- 1 ovo;
- 100 ml de leite;
- óleo para fritar.

MODO DE FAZER

1 Coloque o arroz cozido em uma travessa e tempere com as ervas, as especiarias e o sal.

2 Leve ao processador, adicione o ovo e o leite e bata (não deixe bater muito, para não virar uma pasta).

3 Faça quenelles com a ajuda de duas colheres (sopa) e frite-as em óleo quente. Escorra em papel absorvente.

DICA DA CHEF

Os bolinhos podem ser recheados com linguicinha ou com queijo de coalho.

PRATOS PRINCIPAIS

PÁG. 29

FEIJOADA DA LANA

(Receita de Lana Nowikow, da Feijoada da Lana)

RENDIMENTO *12 pessoas*
TEMPO DE PREPARO *13 h + o tempo para deixar as carnes de molho*

INGREDIENTES

- 1 kg de carne-seca magra;
- 300 g de lombinho defumado;
- 300 g de lombinho salgado;
- 1 orelha de porco salgada;
- 1 língua de porco salgada;
- 1 pé de porco salgado;
- 1 rabo de porco salgado;
- 1,5 kg de feijão-preto, novo;
- 3 folhas de louro;
- 4 paios;
- 2 linguiças portuguesas;
- 2 linguiças calabresas defumadas;
- 300 g de costelinhas defumadas;
- 250 g de bacon;
- 1 fio de óleo;
- 1 cebola ralada;
- 2 dentes de alho picados.

ACOMPANHAMENTOS

- couve refogada;
- laranjas em gomos, sem a parte branca;
- farinha de mandioca.

MODO DE FAZER

1 Lave as carnes salgadas e retire o máximo de gordura visível das peças. Deixe de molho por 12 horas, trocando a água algumas vezes.

2 Passado esse tempo, coloque o feijão em uma panela grande, com bastante água fria, mais as folhas de louro. Leve ao fogo até ferver e reduza a chama.

3 Corte as carnes que ficaram de molho em pedaços grandes e afervente-as três vezes, trocando a água a cada vez.

4 Coloque as carnes novamente na água e cozinhe até que comecem a amaciar. À medida que forem chegando a esse ponto (costelinha e lombo são mais rápidos), retire-as com uma escumadeira e reserve.

5 Quando o feijão estiver quase macio, adicione as carnes cozidas e as defumadas à panela e deixe cozinhar, mexendo sempre, até que o caldo engrosse um pouco.

6 Pique o bacon em cubinhos de 0,5 cm e derreta na frigideira com um fio de óleo. Retire os cubinhos da frigideira, deixe duas colheres (sopa) de gordura na frigideira e reserve o restante.

7 Refogue a cebola e o alho na gordura do bacon e despeje esse tempero na panela do feijão. Ajuste o sal, deixe apurar e sirva com os acompanhamentos.

DICAS DA LANA

• Use feijão novo para que a feijoada tenha bastante caldo.

• Atenção ao ponto das carnes: a costelinha cozinha mais rápido; se ficar tempo demais no fogo, passa do ponto.

• Para dar mais sabor à couve, doure o alho bem picadinho na gordura do bacon. Retire com uma escumadeira e reserve. Refogue a couve picada bem fina em algumas levas, com uma pitada de sal. Na hora de servir, salpique sobre a couve o alho e os cubinhos de bacon reservados.

• Antes de servir a feijoada, coe um pouco do caldo de feijão e sirva em cumbuquinhas, acompanhado de pimentas-malaguetas picadas e amassadas no azeite.

• Feijoada é uma comida que não perde sabor ao ser congelada, portanto, se sobrar, não tem problema. Antes de levar ao freezer, separe as carnes do feijão. Dessa forma, elas não vão se despedaçar na hora de aquecer.

PÁG. 37

CAMARÃO AO CURRY COM PURÊ DE MAÇÃ

(Receita de Nina Loscalzo)

RENDIMENTO *6 porções*
TEMPO DE PREPARO *40 min*

INGREDIENTES

PURÊ DE MAÇÃ

- 6 maçãs fuji médias;
- 1 colher (sopa) de sal;
- ½ limão espremido.

CAMARÃO

- 2 colheres (sopa) de manteiga;
- 1 cebola cortada em cubinhos;
- 2 dentes de alho picados;
- 3 pimentas-de-bode;
- 4 colheres (sopa) de curry amarelo;
- 400 ml de leite de coco;
- 4 colheres (sopa) de suco de limão;
- 1 kg de camarões médios limpos, sem casca e sem cabeça; alguns camarões grandes, inteiros (retire a tripinha das costas com a ajuda de um palito de dente), para decorar;
- 1 fio de azeite;
- sal a gosto;
- 10 folhas de coentro fresco;
- 15 folhas de salsinha.

MODO DE FAZER

PURÊ DE MAÇÃ

1. Descasque as maçãs e corte-as em pedaços. Despreze os cabos e as sementes.
2. Coloque os pedaços de maçã e 4 colheres (sopa) de água num bowl. Leve ao micro-ondas em potência alta por 10 minutos ou até que os pedaços estejam bem cozidos.
3. Retire do micro-ondas e despreze a água que se formou no fundo do bowl. Junte o sal e o suco de limão.
4. Com um mixer, bata a maçã no próprio bowl até obter um creme homogêneo. Se preferir, bata no liquidificador.

CAMARÃO

1. Leve uma panela grande ao fogo médio e coloque a manteiga. Quando derreter, acrescente a cebola, o alho e a pimenta. Refogue bem até que os cubinhos de cebola murchem. Junte o curry e mexa novamente. Adicione o leite de coco, o suco de limão e ½ xícara de água. Deixe cozinhando em fogo médio por 15 minutos.
2. Cozinhe os camarões médios com dois dedos de água, numa panela tampada, por 5 minutos. Escorra a água.
3. Grelhe os camarões grandes inteiros, com um fio de azeite, e tempere com sal e limão.
4. Coloque o molho de curry numa travessa e junte os camarões cozidos. Decore com os camarões inteiros, o coentro e a salsinha. Sirva com arroz branco e o purê de maçã.

PÁG. 100

ESTROGONOFE NO PÃO CAMPESINO

(Receita de Otavio Felix, do Mais Gourmet)

RENDIMENTO *6 porções*
TEMPO DE PREPARO *40 min*

INGREDIENTES

- 6 minipães campesinos ou italianos (com diâmetro aproximado de 15 cm);
- 300 g de filé-mignon picado em pedaços pequenos;
- sal e pimenta-do-reino;
- óleo;
- 1 colher (sopa) de purê de tomate;
- 1 xícara de creme de leite sem soro;
- 2 colheres (sopa) de ketchup;
- molho inglês;
- 1 xícara de champignons (em conserva) cortados ao meio;
- batata palha.

MODO DE FAZER

1. Com uma faca de serra, corte a "tampa" dos pães e retire o miolo.
2. Tempere o filé-mignon com sal e pimenta a gosto.
3. Aqueça bem uma panela com um pouco de óleo e frite os pedacinhos de filé.
4. Abaixe o fogo, acrescente o purê de tomate e misture.

5 Acrescente o creme de leite, o ketchup, o molho inglês a gosto e os cogumelos. Misture bem.
6 Deixe cozinhar por 8 minutos.
7 Preencha o interior dos pães com o estrogonofe e cubra com batata palha.

PÁG. 65

MIGNON AO MOLHO DE CEBOLA GLACEADA E VINHO DO PORTO

(Receita de Gislaine Amad Oliveira, do Buffet Gislaine Amad Oliveira Gastronomia)

RENDIMENTO *6 a 8 porções*
TEMPO DE PREPARO *1 h + o tempo de marinada*

INGREDIENTES

CARNE

- 1 peça de filé-mignon de cerca de 2 kg;
- 2 dentes de alho socados;
- 1 colher (sopa) de mostarda;
- ¼ de xícara de vinho branco seco;
- sal e pimenta-do-reino moída a gosto;
- 2 colheres (sopa) de azeite de oliva;
- 2 colheres (sopa) de manteiga.

MOLHO

- 200 g de cebolas roxas cortadas em quartos e cozidas por 3 minutos em água fervente;
- 1 colher (sopa) de manteiga;
- 1 colher (sopa) de açúcar mascavo;
- 250 ml de vinho do Porto ruby;
- 250 ml de caldo de carne;
- 1 colher (sopa) de farinha de trigo.

MODO DE FAZER

CARNE

1 Tempere a peça de filé-mignon com o alho, a mostarda, o vinho, sal e pimenta-do-reino. Deixe na geladeira de um dia para o outro.
2 Doure a carne de todos os lados, em uma assadeira colocada diretamente na boca do fogão, acrescentando aos poucos o azeite e a manteiga. Reserve. Guarde o líquido da assadeira para incorporar ao molho.
3 Quando o filé estiver frio, fatie e reserve.

MOLHO

1 Frite a cebola na manteiga. Acrescente o açúcar mascavo e o vinho do Porto e espere evaporar. Adicione o caldo de carne e deixe reduzir por cerca de 8 minutos. Dissolva a farinha de trigo em um pouco de água e acrescente ao molho. Acerte o sal e a pimenta. Aqueça a carne, coloque o molho por cima e sirva.

PÁG. 33

PALETA DE CORDEIRO

(Receita da Talho Carnes)

RENDIMENTO *6 porções*
TEMPO DE PREPARO *1 h 15 min + 12 h de marinada*

INGREDIENTES

- 1 paleta de cordeiro de mais ou menos 1,5 kg;
- ½ maço de tomilho fresco;
- ¼ de maço de alecrim;
- ½ garrafa de vinho branco seco de qualidade;
- sal e pimenta-do-reino a gosto.

MODO DE FAZER

1 Tempere a paleta descongelada com tomilho, alecrim, vinho branco, sal e pimenta-do-reino. Deixe descansar na geladeira por 12 horas.
2 Coloque a paleta e a marinada em um saco para assar (ou embrulhe em papel-celofane), feche bem e coloque na parte superior da churrasqueira. Deixe a paleta assando por 1 h, virando-a a cada 20 minutos.
3 Retire do saco com cuidado para não se queimar com o vapor e preserve o líquido. Volte a paleta para a churrasqueira, na grelha inferior, e deixe-a pegar cor por 5 minutos. Repita o processo do outro lado da paleta. Sirva quente.

PÁG. 61

ROBALO COM VELOUTÉ DE CACHAÇA E PURÊ DE BANANA-DA-TERRA

(Receita de Paula Mesquita, do Paula Mesquita Catering)

RENDIMENTO *6 porções*
TEMPO DE PREPARO *1 h*

INGREDIENTES

PEIXE

- 1 kg de filé de robalo cortado em cubos grandes;
- sal e pimenta-do-reino;
- azeite de oliva.

VELOUTÉ DE CACHAÇA

- 2 colheres (sopa) de manteiga;
- 3 colheres (sopa) de cebola picada;
- 1 colher (sopa) de farinha de trigo;
- ½ xícara de cachaça;
- 3 xícaras de caldo de peixe*;
- sal a gosto;
- ¼ de xícara de creme de leite fresco;
- 1 colher (sopa) de dill picado;
- pimenta rosa para decorar.

Numa panela grande, coloque 1 kg de aparas de peixe bem lavadas, 1 talo de salsão, 1 alho-poró, 1 cenoura e 1 cebola (tudo picado), 12 grãos de pimenta-do-reino, 1 bouquet garni (louro, salsinha e dill ou outras ervas de sua preferência) e 2 litros de água. Leve ao fogo brando e cozinhe por 30 minutos após levantar fervura. Retire a espuma que se forma na superfície, coe e reserve.

PURÊ

- 6 bananas-da-terra maduras;
- 3 colheres (sopa) de manteiga;
- ½ xícara, aproximadamente, de leite quente;
- 1 pitada de sal;
- salsinha para enfeitar.

MODO DE FAZER

PEIXE

1 Tempere o peixe com sal, pimenta e azeite de oliva, coloque numa assadeira, cubra com papel-alumínio e leve ao forno preaquecido a 180°C por 20 minutos ou até que esteja assado.

VELOUTÉ

1 Numa panelinha, leve a manteiga ao fogo e doure a cebola. Acrescente a farinha de trigo e a cachaça e flambe*. Junte o caldo de peixe, sem parar de mexer, corrija o sal e adicione o creme de leite fresco. Retire do fogo e adicione o dill.

Com muito cuidado, incline ligeiramente a panela em direção à chama do fogão. Quando o líquido se aproximar da chama, vai pegar fogo.

PURÊ

1 Coloque as bananas numa assadeira, cubra com papel-alumínio e cozinhe no forno preaquecido a 180-200°C até que fiquem bem molinhas.

2 Descasque as bananas e passe-as pelo espremedor ou por uma peneira.

3 Acrescente a manteiga, sal e leite quente até o purê atingir a consistência desejada.

MONTAGEM

1 Acomode o peixe e o purê numa travessa de servir. Despeje o velouté sobre o peixe. Salpique pimenta rosa sobre o peixe e salsinha sobre o purê.

PÁG. 18

VACA ATOLADA

(Receita de Lucy de Andrade Machado, da Fazenda Capoava)

RENDIMENTO *Serve 4 pessoas*
TEMPO DE PREPARO *2 h + o tempo da marinada*

INGREDIENTES

- 1 kg de costela bovina cortada em pedaços;
- tempero mineiro*;
- pimenta de sua preferência;
- óleo ou azeite de oliva;
- 1 xícara (café) de cachaça;
- 2 ou 3 cebolas em rodelas;
- sal, se necessário;
- 5 tomates sem pele nem sementes;
- 1 kg de mandioca em pedaços (sem casca);
- cheiro-verde picadinho.

**Bata no liquidificador 8 cebolas descascadas, 5 cabeças de alho descascadas e 1 maço de cheiro--verde (tire os cabinhos mais grossos). Se desejar, adicione um pouquinho de óleo. Despeje numa tigela, adicione 100 g de sal e misture bem. Guarde na geladeira em potes de vidro com tampa. Caso queira, adicione outros temperos a gosto, como alecrim, louro e pimenta dedo-de-moça.*

MODO DE FAZER

1 Tempere a carne na véspera com o tempero mineiro, a pimenta, um pouco de óleo e a cachaça.

2 No dia seguinte, coloque um pouco de óleo ou azeite numa panela de pressão, esquente bem e frite a carne até dourar.

3 Adicione os temperos da marinada e os tomates. Se desejar, adicione mais algum tempero que goste.

4 Despeje água quente até cobrir a carne, tampe a panela e deixe no fogo baixo. Quando começar a soltar a pressão, cozinhe por 40 minutos ou mais, até a carne ficar bem macia.

5 Deixe sair a pressão, abra e acrescente a mandioca em pedaços. Cozinhe até que a mandioca fique macia. Se necessário, acrescente mais água (sempre quente).

6 Desligue o fogo e acrescente o cheiro-verde.

PÁG. 137

STRUDEL DE BACALHAU E NATAS COM SALADA VERDE

(Receita de Luis Fernando Perin e Ricardo Praglioli, do Gastronomia & Afins)

RENDIMENTO *6 porções*
TEMPO DE PREPARO *40 min*

INGREDIENTES

- 1 cebola finamente picada;
- 2 dentes de alho finamente picados (opcional);
- 115 g de manteiga sem sal;
- 200 g de nata (creme de leite mais espesso);
- sal e pimenta-do-reino branca a gosto;
- 1 pacote de massa filo (300 g);
- 500 g de bacalhau dessalgado, cozido, em lascas grandes;
- 150 ml de azeite de oliva extravirgem;
- 50 ml de vinagre de cava ou de sidra;
- 15 g de mostarda de Dijon;
- 15 g de mel;
- mix de folhas verdes variadas a gosto;
- ¼ de maço de cebolinha finamente fatiada.

MODO DE FAZER

1 Sue a cebola e o alho em 15 g de manteiga. Adicione a nata e misture tudo muito bem. Tempere com sal e pimenta-do-reino branca. Tire do fogo e deixe esfriar completamente.

2 Derreta a manteiga restante. Pincele as folhas de massa filo com a manteiga derretida e coloque uma sobre a outra. Faça pelo menos 3 camadas de folhas de massa filo, com 40 cm de comprimento cada uma.

3 Espalhe o creme temperado sobre toda a última folha e, sobre ele, de um dos lados das folhas, adicione o bacalhau em lascas.

4 Enrole a massa como um rocambole, feche as pontas, pincele manteiga sobre o strudel e leve para assar em forno preaquecido a 180°C, até dourar. Reserve.

5 Junte o azeite, o vinagre, a mostarda, o mel, sal e pimenta-do-reino branca e misture bem, para emulsificar.

6 Sirva o strudel de bacalhau com o mix de verdes, a cebolinha e o vinagrete.

PÁG. 147

PERU COM ALHEIRAS E FAROFA DE CASTANHAS

(Receita de João Belezia, da João Belezia Gastronomia)

RENDIMENTO *15 a 20 pessoas*
TEMPO DE PREPARO *3 h 30 min*

INGREDIENTES

RECHEIO

- 100 g de paio cortado em cubos pequenos;
- 200 g de alheira (um tipo de linguiça) cortada em rodelas;
- azeite de oliva extravirgem o quanto baste;
- 100 g de fígado de galinha;
- sal e pimenta-do-reino a gosto;
- 1 cenoura pequena picada;
- 1 talo de erva-doce picado;
- 1 cebola roxa pequena picada;
- 1 talo de alho-poró pequeno picado;
- cebolinha picada a gosto.

PERU

- 3 litros de caldo de frango;
- sal e pimenta-do-reino
- 1 peru inteiro e limpo (entre 4 e 5 kg);
- 50 g de vinagre de vinho tinto;
- suco de 3 laranjas;
- 1 dose de cachaça envelhecida;
- 100 g de melado de cana-de--açúcar.

FAROFA

- 200 g de paio cortado em cubos pequenos;
- 4 dentes de alho picados;
- 1 pimenta dedo-de-moça sem sementes e fatiada;
- 10 g de açúcar;
- 175 g de castanha-do-pará;
- 175 g de castanha-de-caju;
- 50 g de noz-pecã;
- polpa de 1 maracujá;
- 100 g de farinha de mandioca torrada;
- 100 g de farinha de milho amarela;
- 40 g de pimenta-biquinho;
- sal e pimenta-do-reino a gosto.

MODO DE FAZER

RECHEIO

1 Doure o paio numa frigideira antiaderente aquecida. Retire e reserve. Nessa mesma frigideira, ainda com a gordura do paio, doure as rodelas de alheira, retire e reserve. Adicione um fio de azeite, aqueça bem e salteie os fígados, já temperados com sal e pimenta-do-reino. Acrescente 100 g dos legumes picados e doure bem.

2 Reúna todos os ingredientes já cozidos, mais a cebolinha picada, e misture bem. Acerte o tempero e reserve.

PERU

1 Aqueça o caldo até ferver, temperado com sal e pimenta, e coloque nele o peru. Cozinhe por 10 minutos em fogo médio e retire. Reserve o caldo.

2 Em um recipiente, misture o vinagre com o suco de laranja, a cachaça e o melado.

3 Recheie o peru e besunte-o com parte da mistura de melado. Reserve o restante para regar durante o cozimento.

4 Em uma assadeira, coloque o restante dos legumes e, sobre eles, o peru. Leve ao forno para assar a 140°C por aproximadamente 2 horas e 30 minutos. Pincele com a mistura de melado de 20 em 20 minutos. Adicione caldo na assadeira, se secar muito. Retire e reserve.

5 Deglace a assadeira com o caldo reservado, bata no liquidificador e coe para fazer o molho. Aqueça em uma panela e corrija o sal. Retire e reserve.

FAROFA

1 Em uma frigideira, doure o paio, acrescente o alho e a pimenta dedo-de-moça. Junte o açúcar, as castanhas e as nozes e caramelize. Adicione a polpa de maracujá, com as sementes, e deixe reduzir. Adicione as farinhas e doure. Coloque as pimentas-biquinho e acerte o sal e a pimenta-do-reino.

MONTAGEM

1 Com cuidado, retire o peru e fatie finamente. Monte a ave de volta na assadeira. Sirva-a aquecida, acompanhada da farofa e com o molho quente à parte.

ACOMPANHAMENTOS

PÁG. 27

BATATA RÚSTICA

(Receita de Amelinha Bratke)

RENDIMENTO *6 porções*
TEMPO DE PREPARO *1 h*

INGREDIENTES

- 12 batatas médias ou 6 grandes;
- 6 ramos de alecrim;
- 10 folhas de sálvia;
- 4 ramos de tomilho;
- azeite de oliva a gosto;
- sal grosso a gosto.

MODO DE FAZER

1 Cozinhe as batatas no micro-ondas por 3 minutos. Desfolhe e pique as ervas.

2 Corte as batatas em fatias finas, sem chegar até o final, para ficarem juntas. Dica: coloque sobre uma colher de pau para fazer esses cortes. Assim, a faca não chega até o final.

3 Coloque um pouco de azeite numa fôrma refratária, acomode as batatas juntinhas, regue com mais azeite e salpique as ervas e o sal grosso.

4 Leve ao forno médio por cerca de 40 minutos ou até as batatas ficarem completamente assadas. Adicione mais azeite, se necessário.

PÁG. 18

TIGELADA DE CHUCHU

(Receita de Heloísa Bacellar para a Fazenda Capoava)

RENDIMENTO *4 porções*
TEMPO DE PREPARO *1 h*

INGREDIENTES

- 50 g de manteiga;
- 1 cebola média em cubinhos;
- 1 dente de alho picadinho;
- 2 chuchus maduros, sem casca, sem caroço e cortados em cubinhos;
- sal a gosto;
- ⅓ de xícara de salsinha picada;
- 2 colheres (sopa) de farinha de trigo;
- 1 xícara de leite;
- 2 colheres (sopa) de queijo meia cura ou parmesão ralado;
- manteiga para untar e farinha de rosca para polvilhar
- 2 ovos (claras separadas das gemas);

MODO DE FAZER

1 Em uma panela média, aqueça a metade da manteiga e doure ligeiramente a cebola e o alho. Junte o chuchu e um pouquinho de sal. Tampe e cozinhe em fogo baixo por uns 15 minutos, até amaciar.

2 Acrescente a salsinha e passe para uma tigela grande. Reserve.

3 Em outra panelinha, aqueça o restante da manteiga com a farinha e misture até obter uma pasta.

4 Junte o leite, sal e mexa até ferver e engrossar.

5 Junte o chuchu, o queijo ralado, corrija o sal e deixe amornar por 10 minutos, enquanto o forno aquece a 180°C (médio).

6 Unte uma tigela média com manteiga e polvilhe com farinha de rosca.

7 Bata as claras em neve até ficarem bem firmes.

8 Junte as gemas à pasta de chuchu. Em seguida, com delicadeza, incorpore as claras.

9 Coloque tudo na tigela untada, polvilhe com um tiquinho de farinha de rosca e asse por uns 40 minutos, até crescer, dourar e firmar no centro.

PÁG. 100

BATATINHAS EM VINAGRETE DE TANGERINA

(Receita de Otavio Felix, do Mais Gourmet)

RENDIMENTO *6 pessoas*
TEMPO DE PREPARO *40 min + 2 h na geladeira*

INGREDIENTES

- 1,5 kg de batata bolinha;
- 1 xícara de azeite de oliva extravirgem;
- 2 dentes de alho esmagados;
- 1 cebola média cortada em rodelas bem finas;
- 1 xícara de suco de tangerina;
- 1 colher (chá) de pimenta-de--caiena;
- ½ xícara de vinho branco seco;
- salsinha picada finamente;
- sal a gosto;
- 10 gomos de tangerina sem a pele.

MODO DE FAZER

1 Lave bem e cozinhe as batatas com casca até ficarem macias. Deixe esfriar.
2 Em um bowl, com um batedor manual, misture o azeite, o alho, a cebola, o suco de tangerina, a pimenta-de-caiena, o vinho branco, a salsinha e sal a gosto.
3 Misture essa marinada com as batatas e os gomos de tangerina, cubra e deixe na geladeira por 2 horas.

PÁG. 148

LEGUMES ASSADOS

(Receita de João Belezia, da João Belezia Gastronomia)

RENDIMENTO *10 a 12 pessoas*
TEMPO DE PREPARO *2 h*

INGREDIENTES

- azeite de oliva extravirgem o quanto baste;
- 2 maços de tomilho fresco;
- sal e pimenta-do-reino a gosto;
- 12 tomates-cereja;
- 5 dentes de alho inteiros com casca e só amassados;
- 4 abobrinhas brasileiras cortadas em rodelas grossas;
- 4 berinjelas japonesas cortadas em rodelas grossas;
- ½ abóbora japonesa cortada em cubos grandes;
- 2 cebolas roxas cortadas em fatias grossas.

MODO DE FAZER

1 Aqueça 300 ml de azeite e junte as folhas de 1 maço de tomilho. Desligue o fogo e processe tudo num liquidificador, até ficar bem verde. Tempere com sal e reserve.
2 Tempere todos os legumes com sal, pimenta e azeite. Reserve os tomatinhos e o alho e grelhe os demais ingredientes numa frigideira aquecida.
3 Monte uma travessa refratária intercalando os legumes. Distribua por cima o alho e os tomatinhos. Regue com mais azeite e junte o restante do tomilho.
4 Asse em temperatura mínima por 1 hora. Retire e sirva em seguida, com o azeite de tomilho numa molheira, ao lado.

PÁG. 13

VINAGRETE DE FEIJÃO-FRADINHO E UVAS

(Receita de Eudes Assis)

RENDIMENTO *Serve 4 porções*
TEMPO DE PREPARO *15 min*

INGREDIENTES

- 50 g de tomate picado, sem pele e sem sementes;
- 50 g de feijão-fradinho cozido;
- 50 g de uvas frescas sem sementes;
- 20 g de cebola picada;
- 50 ml de azeite de oliva extravirgem;
- 1 colher (sopa) de mel;
- 1 colher (sopa) de suco de limão;
- 1 colher (sopa) de salsinha picada;
- sal e pimenta a gosto.

MODO DE FAZER

1 Misture todos os ingredientes até incorporá-los bem.

SOBREMESAS

PÁG. 18

POTINHO CREMOSO DE CAFÉ COM LEITE

(Receita de Heloísa Bacellar para a Fazenda Capoava)

RENDIMENTO *6 porções*
TEMPO DE PREPARO *1 h 15 min + 6 horas de geladeira*

INGREDIENTES

- 2 xícaras de açúcar;
- 4 ovos grandes;
- 2 xícaras de leite;
- 1 xícara de café bem forte;
- 1 colher (chá) de essência de baunilha.

MODO DE FAZER

1. Aqueça o forno a 160°C (médio-baixo) e ferva 1 litro de água para o banho-maria.
2. Em uma panela pequena, aqueça 1 xícara de açúcar em fogo baixo. Movimente a panela conforme o açúcar for caramelizando e fique atento ao ponto: o caramelo deve ficar dourado.
3. Com cuidado, distribua o caramelo por seis potinhos, cobrindo o fundo. Reserve.
4. Passe os ovos por uma peneira e deixe-os cair em uma tigela média, mexendo suavemente.
5. Adicione o leite, o café, o restante do açúcar e a baunilha e mexa com um batedor de arame até conseguir um creme liso.
6. Distribua a mistura pelos potinhos. Coloque-os na assadeira e acrescente a água do banho-maria.
7. Asse por uns 35 minutos, até que a superfície dos potinhos esteja ligeiramente dourada e o creme firme e cozido (ao espetar um palito no centro, ele deverá sair limpo).
8. Deixe esfriar, leve à geladeira por cerca de 6 horas e sirva (se quiser, decore com grãos de café).

PÁG. 11

TORTA DE RICOTA COM CALDA DE AMÊNDOAS E MEL

(Receita de Adriana Haddad, da Ovos Quebrados)

RENDIMENTO *8 a 10 pessoas*
TEMPO DE PREPARO *1 h 15 min*

INGREDIENTES

TORTA

- 150 g de açúcar;
- 250 g de manteiga em temperatura ambiente, mais um pouco para untar a fôrma;
- 3 ovos;
- 500 g de ricota;
- sementes de 1 fava de baunilha;
- zest (raspas) de uma laranja;
- 150 g de farinha de trigo, mais um pouco para enfarinhar a fôrma;
- 1 colher (chá) de fermento em pó.

CALDA

- 150 ml de mel;
- 100 ml de água;
- raspas e suco de 1 limão--siciliano;
- ½ xícara de amêndoas levemente tostadas e picadas.

MODO DE FAZER

1. Bata o açúcar com a manteiga até ficar bem cremoso. Adicione os ovos, um a um, sem parar de bater.
2. À parte, misture a ricota com a baunilha e as raspas de laranja. Acrescente ao creme de manteiga e bata só mais um pouquinho.
3. Peneire a farinha com o fermento, junte à massa e bata rapidamente, até incorporar todos os ingredientes.
4. Unte com manteiga e enfarinhe uma fôrma de 20 cm de diâmetro com fundo falso. Se quiser garantir que a torta não grude, forre o fundo com papel-manteiga untado. Despeje a massa e leve ao forno preaquecido a 160°C por 45 minutos ou até dourar.
5. Para a calda, coloque o mel e a água para ferver, abaixe o fogo e deixe por mais ou menos 5 minutos. Apague o fogo e acrescente as raspas e o suco de limão, mais as amêndoas. Sirva com a torta.

PÁG. 101

GELATINA PSICODÉLICA

(Receita de Otavio Felix, do Mais Gourmet)

RENDIMENTO *Serve 6 pessoas*
TEMPO DE PREPARO *30 min + o tempo de geladeira*

INGREDIENTES

- 4 caixas de gelatina com sabores e cores diferentes;
- 1 lata de leite condensado;
- 1 lata de creme de leite;
- 1 sachê de gelatina incolor.

MODO DE FAZER

1. Prepare as 4 caixas de gelatina separadamente, de acordo com as instruções das embalagens. Coloque-as em fôrmas baixas. Leve à geladeira até que fiquem firmes.
2. Corte-as em cubinhos e reserve.
3. Bata no liquidificador o leite condensado e o creme de leite.
4. Dissolva o sachê de gelatina incolor de acordo com as instruções da embalagem.
5. Incorpore a gelatina incolor no creme de leite com leite condensado, sem bater.
6. Misture o creme aos cubinhos de gelatina colorida.
7. Mexa com cuidado e leve para gelar novamente, até ficar consistente.

PÁG. 137

TERRINE DE CHOCOLATE E CRÈME DE MARRON

(Receita de Luis Fernando Perin e Ricardo Praglioli, do Gastronomia & Afins)

RENDIMENTO *16 porções*
TEMPO DE PREPARO *15 min + pelo menos 12 horas na geladeira*

INGREDIENTES

- 350 g de chocolate meio amargo;
- 250 g de manteiga;
- 360 g de crème de marron*;
- castanhas portuguesas em calda, para decorar.

***Creme doce de castanhas portuguesas, à venda em grandes supermercados e empórios gourmet.**

MODO DE FAZER

1. Derreta o chocolate e a manteiga juntos, em banho-maria. Mexa tudo muito bem e acrescente o marron. Mexa até ficar homogêneo.
2. Forre uma fôrma de terrine com filme plástico. Despeje a mistura e cubra com filme plástico. Leve à geladeira por pelo menos 12 horas.
3. Na hora de servir, desenforme a terrine e use uma faca passada na água quente para cortar as fatias. Decore com as castanhas em calda.

PÁG. 37

TIRAMISÙ

(Receita de Antonio Grieco, da Pizzaria Veridiana)

RENDIMENTO *Serve 4 pessoas*
TEMPO DE PREPARO *20 min + 3 h na geladeira*

INGREDIENTES

- 4 gemas;
- 100 g de açúcar;
- 250 g de queijo mascarpone;
- algumas gotas de essência de baunilha;
- 18 biscoitos champanhe;
- café bem forte, o quanto baste;
- chocolate em pó, para finalizar.

MODO DE FAZER

1. Numa batedeira, bata as gemas com o açúcar até obter um creme claro.
2. Adicione o mascarpone e a essência de baunilha e bata mais, até obter uma massa bem espessa.
3. Molhe levemente os biscoitos champanhe no café bem forte, um por vez. Forme camadas de biscoitos molhados numa travessa, alternadas por camadas de creme. A última camada deve ser de creme.
4. Leve à geladeira e peneire chocolate em pó sobre o tiramisù antes de servir.

PÁG. 143

CANJICA COM ACHIOTE

(Receita de Oghan Teixeira e Paulo Neves, da Ghee Banqueteria)

RENDIMENTO *Serve 8 pessoas*
TEMPO DE PREPARO *1 h 30 min*

INGREDIENTES

- 500 g de milho branco para canjica;
- 3 colheres (sopa) de achiote*;
- 2 colheres (sopa) de páprica doce;
- 3 canelas em pau;
- 4 cravos-da-índia;
- 300 g de açúcar cristal;
- 1,5 litro de leite.

***Pasta de urucum usada na culinária mexicana. Pode ser substituída por 5 colheres (sopa) de colorau.**

MODO DE FAZER

1. Cozinhe a canjica em 1,5 litro de água até os grãos ficarem macios e a água quase secar.
2. Adicione o restante dos ingredientes, cozinhe até engrossar e desligue o fogo.

PÁG. 151

SORVETÃO COM DUAS OPÇÕES DE CALDA

(Receita de Mirella Camargo, do Blog Fica, vai ter sobremesa!)

RENDIMENTO *10 porções*
TEMPO DE PREPARO *40 min + 12 h no freezer*

INGREDIENTES

CALDA BÁSICA

- 6 colheres (sopa) de achocolatado;
- 1 colher (sopa) de água.

CALDA ESPECIAL

- 120 g de chocolate meio amargo picado;
- 100 g de manteiga sem sal;
- ¾ de xícara de cerveja stout;
- 80 g de cream cheese em temperatura ambiente;
- 1 colher (chá) de extrato de baunilha;
- ½ xícara de cacau em pó;
- 1½ xícara de açúcar de confeiteiro.

SORVETÃO

- 800 ml de leite;
- 1 lata de leite condensado;
- 1 colher (sopa) de amido de milho;
- 4 claras;
- 6 colheres (sopa) de açúcar;
- 1 lata de creme de leite.

MODO DE FAZER

CALDA BÁSICA

1. Dissolva o achocolatado na água. Reserve.

CALDA ESPECIAL

1. Leve ao fogo o chocolate, a manteiga e a cerveja, até derreter.
2. Na batedeira, misture o cream cheese, a baunilha e o cacau em pó. Junte a mistura de chocolate e o açúcar de confeiteiro, batendo até atingir consistência de musse. Guarde na geladeira.

SORVETÃO

1. Leve ao fogo o leite, o leite condensado e o amido de milho dissolvido em parte do leite. Mexa até ferver e engrossar. Reserve.
2. Bata as claras em neve e adicione o açúcar. Junte o creme de leite e bata mais. Incorpore o creme da panela ao creme de claras.
3. Se usar a calda especial, despeje a mistura do sorvetão na fôrma, leve ao freezer por 12 horas e regue com a calda aquecida quando servir. Se quiser a calda básica, despeje-a numa fôrma de pudim e acrescente o sorvete por cima. Congele por pelo menos 12 horas.

casaecomida

COORDENAÇÃO DE PRODUÇÃO
Cláudia Pixu

CAPA E PROJETO GRÁFICO
Marcia Evangelista

TEXTO
Patricia Oyama

FOTOS
Cacá Bratke
Daniel Tancredi / Jacarandá Fotografia
Elisa Correa
Iara Venanzi
João Viegas
Lufe Gomes
Ricardo Corrêa
Rogério Voltan
Tati Abreu / Estúdio Barbarella

Texto fixado conforme as regras do Novo Acordo Ortográfico da Língua Portuguesa
(Decreto Legislativo nº 54, de 1995).

Editor executivo Mauro Palermo
Editora responsável Camila Werner
Editor assistente Lucas de Sena Lima
Assistente editorial Milena Martins
Diagramação Marcos Gomes (WebClim)
Edição de texto e revisão Ler & Escrever Produções editoriais

CIP-BRASIL. CATALOGAÇÃO NA PUBLICAÇÃO
SINDICATO NACIONAL DOS EDITORES DE LIVROS, RJ

O98r

Oyama, Patricia
Receber com charme 2 / Patricia Oyama, Claudia Pixu, Marcia Evangelista. - 1. ed. - São Paulo : Globo Estilo, 2016.
208 p. : il.

ISBN 978-85-250-6326-7

1. Decoração e ornamento. 2. Estética. I. Pixu, Claudia. II. Evangelista, Marcia. III. Título.

16-36875 CDD: 745.4
CDU: 745.4

1ª edição, 2016
1ª reimpressão, 2017

Direitos de edição em língua portuguesa para o Brasil
adquiridos por Editora Globo S. A.
Av. Nove de Julho, 5229 - CEP 01407-907 – São Paulo – SP

www.globolivros.com.br

Este livro, composto nas fontes Archer, Minion e Din,
foi impresso em papel offset 120 g/m², na gráfica Lis.
São Paulo, Brasil, janeiro de 2017.